Kling | Die Känguru-Klassiker

Marc-Uwe Kling
Die Känguru-Klassiker

Mit Zeichnungen von Bernd Kissel

Reclam

RECLAMS UNIVERSAL-BIBLIOTHEK Nr. 14441
2024 Philipp Reclam jun. Verlag GmbH,
Siemensstraße 32, 71254 Ditzingen
info@reclam.de

Umschlagabbildung: Bernd Kissel, inspiriert von J. H. W. Tischbeins Gemälde »Goethe in der Campagna« (1778) und A. Graffs Schiller-Porträt (1791)
Druck und Bindung: Druckerei C.H.Beck, Bergerstraße 3–5, 86720 Nördlingen
Printed in Germany 2026
RECLAM, UNIVERSAL-BIBLIOTHEK und RECLAMS UNIVERSAL-BIBLIOTHEK sind eingetragene Marken der Philipp Reclam jun. GmbH & Co. KG, Stuttgart
ISBN 978-3-15-014441-1
reclam.de

Geleitwort des Kängurus

Sie da,

was Sie da in den Händen halten, ist das Destillat aus über tausend Seiten Känguru. Also nicht so rumlümmeln! Rücken gerade, Kopf hoch, Augen auf! Wir haben eine Zeitmaschine gebaut, die Nachwelt befragt,* deren Meinung verworfen, schließlich eine K. I. die komplette Känguru-Tetralogie fressen lassen, und heraus kam diese hart subjektive Auswahl meiner besten Eskapaden. Bernd Kissel hat ein bisschen was dazu gekritzelt. Ich selbst habe, wo nötig, die Reihenfolge verändert, ein wenig editiert – aber nicht viel – und manchmal auch Anmerkungen an den Rand geschrieben. Wenn ich so darüber nachdenke, ist das Büchlein wie das Leben. Sehr episodisch und es endet abrupt. Trotzdem viel Spaß damit.

In diesem Sinne,

Das Känguru

* Ganz ehrlich? Waren nur noch wenige und die waren nicht gerade die hellsten Pixel auf dem Flatscreen.

Das Känguru von gegenüber

Ding Dong. Es klingelt. Ich gehe zur Tür, öffne und stehe einem Känguru gegenüber. Ich blinzle, gucke hinter mich, schaue die Treppe runter, dann die Treppe rauf. Gucke geradeaus. Das Känguru ist immer noch da.

»Hallo«, sagt das Känguru.

Ohne den Kopf zu bewegen, gucke ich noch mal nach links, nach rechts, auf die Uhr und zum Schluss auf das Känguru.

»Hallo«, sage ich.

»Ich bin gerade gegenüber eingezogen, wollte mir Eierkuchen backen, und da ist mir aufgefallen, dass ich vergessen habe, Eier zu kaufen …«

Ich nicke, gehe in die Küche und komme mit zwei Eiern zurück.

»Vielen lieben Dank«, sagt das Känguru und steckt die Eier in seinen Beutel.

Ich nicke und es verschwindet hinter der gegenüberliegenden Wohnungstür. Mit meinem linken Zeigefinger tippe ich mir mehrmals auf meine Nasenspitze und schließe die Tür.

Bald darauf klingelt es wieder. Sofort reiße ich die Tür auf, denn ich stehe immer noch dahinter.

»Oh!«, sagt das Känguru überrascht. »Das ging aber schnell. Äh … Gerade ist mir aufgefallen, dass ich auch noch kein Salz habe …«

Ich nicke, gehe in die Küche und komme mit einem Salzstreuer wieder.

»Vielen Dank! Wenn Sie vielleicht noch ein wenig Milch und Mehl hätten …«

Ich nicke und gehe in die Küche. Das Känguru nimmt alles, bedankt sich und geht. Zwei Minuten später klingelt es wieder. Ich öffne und halte dem Känguru Pfanne und Öl hin.

»Danke«, sagt das Känguru, »gut mitgedacht! Wenn Sie vielleicht noch einen Schneebesen hätten oder ein Rührgerät …«

Ich nicke und gehe los.

»Und vielleicht eine Schüssel zum Mixen?«, ruft mir das Känguru hinterher.

Zehn Minuten später klingelt es wieder.

»Kein Herd …«, sagt das Känguru nur.

Ich nicke und gebe den Weg frei.

»Gleich rechts«, sage ich.

Das Känguru geht in die Küche und ich folge ihm. Es stellt sich so ungeschickt an, dass ich die Pfanne übernehme.

»Wenn Sie vielleicht noch etwas zum Füllen hätten …«, sagt das Känguru. »Buntes Gemüse oder gar Hackfleisch?«

»Hackfleisch müsste ich erst kaufen«, sage ich.

»Kein Problem. Ich hab Zeit«, sagt das Känguru. »Es ist eh besser, wenn der Teig noch etwas Luft bekommt.«

Ich nehme den Schlüssel vom Haken.

»Aber nicht zu Lidl!«, ruft mir das Känguru hinterher. »Die Arbeitsbedingungen da sind unter …«

Ich gehe also zum Metzger und kaufe Hackfleisch. Als ich wieder ins Haus komme, begegnet mir die Nachbarin von unten.

»Ham Se den Neuen jesehen?«, fragt sie.

Ich nicke.

»Na, der ist ja wohl och nich von hier, wa?«, fragt sie und kratzt sich an ihrem Hitlerbärtchen. Natürlich hat sie nicht wirklich einen Bart. Es ist eher ein Flaum. Ein Hitlerfläumchen.

»Bald übanehm die verdammten Türken dit janze Haus.«

Ich schaue noch mal genauer hin. Hm. Vielleicht ist es doch ein Bärtchen.

»Wat kieken Se denn so?«, fragt sie.

»Ich glaube, es kommt aus Australien«, sage ich.

»Hm. Australien sag'n Se. Kann och sein. Aba ejal woher. Dieser Islam macht mir jedenfalls janz narvös.«

Kleinkunst

Poch Poch. Es klopft. Wer mag das sein zu dieser Zeit? Ich gehe zur Tür und öffne.

»Ah. Sie sind's«, sage ich.

»Hallo«, sagt das Känguru. »Darf ich reinkommen?«

»Bitte«, sage ich.

Es hüpft an mir vorbei ins Wohnzimmer.

»Mögen Sie Nirvana?«, fragt es und fläzt sich in den Sessel.

»Die Band?«, frage ich und lasse mich aufs Sofa fallen.

»Nein, das Jenseits!«, sagt es. »Natürlich die Band! Sie stellen wohl gern unnötige Fragen …«

»Ja.«

»Was ja? Sie mögen Nirvana oder Sie stellen gern unnötige Fragen?«

»Beides«, sage ich. »Ich lebe nach der Devise: Lieber fünf Mal nachgefragt als ein Mal nachgedacht. Und ›Nevermind‹ war damals die erste Platte, die ich mir selbst im Laden gekauft habe.«

»Wirklich?«, fragt das Känguru.

»Nein. In Wahrheit war es ›Hier kommt Kurt‹ von Frank Zander.«

»Ohne Helm und ohne Gurt. Einfach Kurt?«, fragt das Känguru.

»Ja«, sage ich. »Einfach Kurt. Aber ich wünschte, es wäre ›Nevermind‹ gewesen.«

»Sehen Sie mal, was ich zufällig dabeihabe«, sagt das Känguru und zieht eine ziemlich blaue Schallplatte* aus seinem Beutel. »Hätten Sie was dagegen, wenn ich die

* Hey Kids! Eine Schallplatte war eine riesige Lakritzschnecke, aus der Musik kam, wenn man mit einer Stecknadel drübergekratzt hat. Magic!

mal auflege? Ich hab nämlich zu Hause meine Anlage noch nicht angeschlossen und ...«

Ich nicke und deute auf den Plattenspieler.

Here we are now – entertain us ...

»Darf ich fragen, was Sie beruflich machen?«, setzt das Känguru unser Gespräch fort.

»Wieso?«, frage ich.

»Na, Sie sind tagsüber immer zu Hause und – ohne Ihnen jetzt zu nahe treten zu wollen – es ist 13 Uhr, und Sie sind immer noch im Pyjama.«

»Ich bin, äh, na ja, äh, irgendwie, äh, Künstler«, sage ich. »Ich arbeite nachts.«

»Anschaffender Künstler?«, fragt das Känguru.

»Freischaffend heißt das.«

»Ach so.«

»Ich schreibe Geschichten und Lieder, und dann trete ich auf und ...«

»Ach! Sie sind Kleinkünstler!«, ruft das Känguru.

Ich zucke zusammen: »Ah! Das böse Wort.«

»Kleinkünstler?« Wieder zucke ich zusammen.

»Kennen Sie das Tocotronic-Lied: ›Ich verabscheue euch wegen eurer Kleinkunst zutiefst‹?«, fragt das Känguru.

»Ja«, sage ich. »Mag ich nich.«

»Verstehe.«

»Und Sie?«, frage ich. »Was machen Sie?«

»Ich bin Kommunist«, sagt das Känguru.

»Ach so.«

»Was dagegen?«

»Nee, nee.«

Das Känguru blickt mich herausfordernd an.

»Trotzki?«, frage ich.

»Ho Chi Minh«, sagt das Känguru.

Es deutet auf die Packung auf dem Tisch.

»Was ist denn das?«

»Schnapspralinen«, sage ich.

»Darf ich?«

»Bitte. Mag ich sowieso nicht.«

Es wirft sich zwei Pralinen in den Mund.

»Köstlich!«, ruft es. »Auch welche?«

»Nee. Mag ich nicht. Haben Sie nicht zugehört?«

»Offensichtlich nicht«, sagt das Känguru. »Denken Sie nicht mit?«

»Nein. Nie«, sage ich. »Ich lebe nach der Devise: Lieber fünf Mal nachgefragt als ein Mal nachgedacht. Haben Sie nicht zugehört?«

»Offensichtlich nicht«, sagt das Känguru. »Denken Sie nicht mit?«

»Nein. Nie«, sage ich. »Ich lebe nach der Devise: Lieber fünf Mal nachgefragt als ein Mal nachgedacht. Haben Sie nicht zugehört?«

»Offensichtlich nicht«, sagt das Känguru. »Denken Sie nicht mit?«

»Wir sind gefangen in einer Endlos-Schleife«, sage ich.

»Ja, ja«, sagt das Känguru.

Es nimmt sich noch eine Praline.

»Kleinkünstler also ...«, sagt es und lacht kurz auf. »Hier sind wir jetzt – unterhalte uns!«

»Machen Sie das öfter?«, frage ich.

»Sie meinen: Zitieren?«

»Ja.«

»Wollen wir uns duzen?«, fragt das Känguru.

»Von mir aus«, sage ich.

»Ich glaube, dies ist der Beginn einer wunderbaren Freundschaft.«

Das Känguru lässt seinen Blick durchs Wohnzimmer schweifen.

»Benutzt du eigentlich oft dieses Zimmer?«, fragt es.

»Hä? Wieso?«, frage ich zurück.

»Eigentlich brauchst du dieses Zimmer nicht, oder?«

»Wieso? Worauf willst du hinaus?«

»Nix, nix«, sagt das Känguru, »war nur so 'ne Frage.«

Judgement Day

Das Känguru ist vor kurzem bei mir eingezogen. Es hat einfach sein ganzes Zeug rübergeschafft und danach gesagt: »Is okay, oder?«

Ich habe nichts gesagt.

»Is näher zum Kühlschrank«, hat es noch hinzugefügt. Inzwischen hat es das komplette Wohnzimmer für sich in Beschlag genommen. Es hat einen Boxsack in der Mitte des Zimmers installiert und in einer Ecke eine Hängematte zum Schlafen aufgehängt.

Jetzt sitzen wir auf der Couch und kucken *Die Rückkehr der Jedi-Ritter*. Plötzlich stoppe ich den Film.

»Weißt du, was ich total spannend finde?«, frage ich. »Entscheidungsmomente. Da wünsche ich mir immer, ich hätte zugucken können.«

»Wovon redest du? Potsdamer Konferenz, oder wie?«

»Nee, nee«, sage ich. »Mich würden mehr diese Momente interessieren, in denen total dumme Entscheidungen getroffen wurden.«

»Du meinst zum Beispiel diesen Moment, als du beschlossen hast, selber die Dielen abzuschleifen?«

»Nee. Größer. Wichtige Entscheidungen.«

»Wie kommst du darauf?«

Ich deute auf den Fernseher.

»Nun, der Plan vom Imperator in diesem Film ist: Kommt, Leute, wir bauen noch mal einen Todesstern!«

Ich schlage mir gegen die Stirn.

»Als Kind war mir nie aufgefallen, wie krass einfallslos das ist. Noch einen Todesstern ...«

»Für einen erwachsenen Menschen denkst du sehr viel über *Star Wars* nach.«

»Ja, aber das wäre ein Entscheidungsmoment, bei dem ich gerne dabei gewesen wäre. Wie ist das zugegangen? Hatte der gute Darth morgens beim Zähneputzen eine WhatsApp-Nachricht vom Imperator bekommen? ›Lord Vader, bitte denken Sie an unser Meeting um 13 Uhr.‹ Und dann um 13 Uhr saßen die beiden mit ein paar hohen Imperiumsbürokraten zusammen – TOP 1: Böser Masterplan –, und alle brainstormten ideenlos vor sich hin, bis plötzlich einer gesagt hat: ›Wie wär's mit noch einem Todesstern?‹ Und was hat der Imperator dann gesagt? ›Brillant! Wieso bin ich nicht selbst drauf gekommen?‹«

»It was so nice, they built it twice«, sagt das Känguru.

»Warum ist da keiner aufgestanden und hat gesagt: ›Äh, na ja, aber das hat ja jetzt beim ersten Mal nicht zu hundert Prozent funktioniert …‹?«

»Mich interessiert viel mehr«, sagt das Känguru, »wie jemals eine Gruppe halbwegs vernunftbegabter Menschen denken konnte, es sei eine gute Idee, ausgerechnet Günther Oettinger zum EU-Kommissar für Digitale Wirtschaft und Gesellschaft zu machen. Da finde ich den Prozess spannend. Wie kam es dazu?«

»Na, wahrscheinlich saß die Kanzlerin mit ein paar hohen Imperiumsbürokraten zusammen, und die brainstormten ideenlos vor sich hin, und plötzlich sagte einer: ›Wie wär's mit Günther Oettinger?‹« *

»Ja, aber was passierte dann?«, fragt das Känguru. »Wie ging's dann weiter? Haben die anderen dann gelacht? Oder hat einer gesagt: ›Ja, das klingt vernünftig.‹ Hat Merkel gesagt: ›Das Internet ist für uns alle Neuland‹?«

* Irgendwie gibt es mir Hoffnung, dass man jetzt schon nicht mehr richtig weiß, wer das war.

»Die haben wahrscheinlich alle gedacht: Mir egal, Hauptsache, ich muss es nicht machen.«

»Oder«, fährt das Känguru fort, »als Bush gesagt hat: ›Leute, ich hab voll die gute Idee, die dafür sorgen wird, dass sich der Nahe Osten in eine Oase des Friedens und der Freiheit verwandelt: Wir greifen noch mal den Irak an!‹«

»It was so nice, they did it twice«, sage ich.

»Was haben die Imperiumsbürokraten da gesagt?«, fragt das Känguru.

»Na, die haben gesagt: ›Klasse Einfall! Das Risiko, dass das eine Horde Wahnsinniger dazu bringt, einen eigenen Staat auszurufen, dessen Nationalsportarten Köpfen und Sprengen sind, scheint uns wirklich minimal!‹«

»Ich hab mal gehört, dass das Pentagon Invasionspläne für fast jedes Land der Welt in seinen Schubladen hat«, sagt das Känguru.

»Soso. Hast du gehört.«

»Ehrlich!«, sagt das Känguru. »Das stimmt. Stand in einem Geheimdienstbericht. Bis 1970 hatten sie sogar einen Plan zur Invasion von Großbritannien.«

Es kratzt sich an der Nase.

»Und das ist dann schon Pech«, sagt es, »oder?«

»Was?«, frage ich.

»Na, dass sie ausgerechnet für Afghanistan und den Irak keinen Plan hatten.«

»Nun ja«, sage ich. »Es ist, wie Benjamin gesagt hat: Wenn alle Nein zum Krieg sagen würden, dann gäb's keine Kriege.«

»Walter Benjamin?«

»Nee«, sage ich. »Blümchen.«

»Das Technomädchen?«

»Nein. Der Elefant.«

Das Känguru wirft eine Schnapspraline ein und schluckt sie, ohne zu kauen.

»Oder«, sagt es, »als Hitler beschlossen hat, Russland anzugreifen ... Haben die Imperiumsbürokraten da gesagt: ›Super Idee: Russland angreifen. Kann gar nicht schiefgehen. Ist in der Geschichte noch nie schiefgegangen. Die haben auch ein sehr angenehmes Klima da‹?«

»Apropos Klima«, sage ich.

»Ja! Da werden ja auch laufend dumme Entscheidungen getroffen!«

»Wie läuft das wohl bei so 'ner Konferenz?«, frage ich. »Sagt da einer von den Imperiumsbürokraten: ›Lasst uns doch was gegen den Klimawandel tun‹, aber dann sagt ein anderer: ›Ja, wir könnten jetzt was gegen den Klimawandel tun, aber wenn wir dann in fünfzig Jahren feststellen würden, dass sich alle Wissenschaftler doch vertan haben und es gar keine Klimaerwärmung gibt, dann hätten wir völlig ohne Grund dafür gesorgt, dass man selbst in den Städten die Luft wieder atmen kann, dass die Flüsse nicht mehr giftig sind, dass Autos weder Krach machen noch stinken und dass wir nicht mehr abhängig sind von Diktatoren und deren Ölvorkommen. Da würden wir uns schön ärgern.‹ Und sagt dann der Rest: ›Stimmt, der Mann hat recht. Da würden wir uns schön ärgern. Besser, wir ... äh ... bauen noch mal einen Todesstern.‹«

»Tja«, sagt das Känguru. »Und irgendwann in den nächsten Jahren wird irgendein Gremium von Imperiumsbürokraten vor der Entscheidung stehen: ›Sollen wir jetzt diese selbstlernende, fehlerbeseitigende, uns turmhoch überlegene künstliche Intelligenz anschalten oder lieber nicht?‹«

»Und dann wird einer sagen: ›Jetzt ham wir's bezahlt, jetzt schalten wir's auch an.‹«

»Und dann werden die zweibeinigen Fehlerquellen beseitigt, und es wird keine dummen Entscheidungen mehr geben«, sagt das Känguru.

»Und das ist dann trotz allem schade eigentlich.«

Neue Regeln

»Die neue Social-Marketing-Kampagne ›Ich arbeite gern für meinen Konzern‹ der Initiative Für Mehr Arbeit *findet in der Bevölkerung viel positive Resonanz. Laut einer Umfrage des* German Institute For Manufacturing Consent (GIFMC) *unter repräsentativ ausgewählten Mitarbeitern des* German Institute For Manufacturing Consent (GIFMC) *würden 69 Prozent der Bundesbürger lieber einen entfernten Verwandten verlieren als ihren Arbeitsplatz.«*

Ich schalte das Radio aus.

»Ach! Kapitalismus ist doch total scheiße!«, ruft das Känguru und wirft das Monopoly-Brett um.

»Nur weil du verlierst«, sage ich und versuche den angerichteten Schaden wieder zu beheben.

»Da habe ich 99 Prozent der Leute auf meiner Seite«, sagt das Känguru.

»Beruhigst du dich wieder oder war's das jetzt?«, frage ich und weigere mich, in die hundertste Wiederholung der Debatte über die Folgen der Globalisierung einzusteigen. Das Känguru scheint noch unschlüssig, ob es sich beruhigen will oder ob es das jetzt war.

»Erst im Scheitern zeigt sich wahre Größe«, sage ich. »Hat meine Mama immer gesagt.«

»Pah«, sagt das Känguru. »Und mein Papa hat immer gesagt: Es ist besser, ein schlechter Gewinner zu sein, als ein guter Verlierer.«

Inzwischen habe ich den Wiederaufbau des Spielfeldes abgeschlossen. Das Stadtbild hat zwar ein wenig gelitten, aber das gehört ja zu einem Wiederaufbau dazu.

»So, jetzt setz dich«, sage ich.

»Aber ich zahl nix, nur weil ich auf deinem blöden Bahnhof gelandet bin.«

»Is' gut.«

»Das führen wir jetzt ein«, sagt das Känguru. »Bahnhöfe kosten nix mehr. Ich finde, der öffentliche Personenverkehr sollte kostenlos sein.«*

»Okay«, sage ich um des Friedens willen, obwohl natürlich alle vier Bahnhöfe mir gehören. Ich denke zurück an den Abend, an dem wir Risiko gespielt und uns ordentlich verkracht haben, weil das Känguru sich beharrlich weigerte, jemanden anzugreifen.

Ich würfle, nehme eine Gemeinschaftskarte und erhalte sieben Prozent Dividende auf meine Vorzugsaktien. »Wer hat, dem wird gegeben«, schnaubt das Känguru altklug, würfelt und landet auf einer meiner Straßen.

»Mal sehen …«, murmle ich. »Schlossallee. Mit drei Häusern. Das macht: Achtundzwanzigtausend D-Mark.«

»Nee«, sagt das Känguru. »Das ist 'ne Hausbesetzung. Hausbesetzer zahlen keine Miete.«

Außerdem nimmt es mir die fünfhundert Mark weg, die ich gerade für meine Aktien bekommen habe, und sagt: »Kapitalertragssteuer.«

»Die beträgt doch nur zwanzig Prozent!«, beschwere ich mich.

»Jetzt nicht mehr«, sagt das Känguru. »Der Satz ist gerade gestiegen.«

Dann reißt es den Fünfhundert-Mark-Schein entzwei, schreibt hinten auf die unbedruckte Seite: »Wohnraum für alle – jetzt und umsonst« und klemmt den Fetzen zwischen meine Häuser.

*Voll die gute Idee: Null-Euro-Ticket!

»Was ist das?«, frage ich.

»Ein Banner!«, ruft das Känguru. »Ein Transpi!«

Ich schüttle den Kopf und seufze: »Diese Abkürzungen sind wirklich furchtbar …«

»Was willst du nun tun?«, fragt das Känguru. »Willst du die Polizei holen? Willst du mich räumen lassen?«

Ich sage nichts.

»Du willst dein Geld haben?«, fragt das Känguru. »Willst du Geld haben? Hier hast du Geld!«, und es greift in die Bank und schmeißt mir die Scheine hin.

»Das darfst du nicht«, sage ich.

»Wieso nicht?«, fragt das Känguru.

»Das ist gegen die Regeln«, sage ich.

»Die hat sich doch nur jemand ausgedacht«, sagt das Känguru. »Und ich habe mir eben neue Regeln ausgedacht.« Ich nehme die Spielfigur des Kängurus und setze sie ins Gefängnis.

»Aaaaha!«, ruft das Känguru. »Jetzt zeigst du dein wahres Gesicht! Wer nicht spurt, wird weggesperrt.«

»Okay«, sage ich. »Wie willst du das Spiel spielen?«

»Wir fangen von vorne an«, sagt das Känguru. »Keine Miete mehr. Und das Gefängnis wird aufgelöst. Der Polizist in der Ecke hat nichts zu sagen. Die Arztkosten-Gemeinschaftskarte muss raus und die mit der Schulgeldzahlung auch.«

»Was ist mit: ›Du hast den zweiten Preis in einer Schönheitskonkurrenz gewonnen‹?«, frage ich.

»Darfste behalten«, sagt das Känguru. »Auch wenn man sich fragen kann, was das für eine Konkurrenz gewesen sein soll.«

»Was ist mit dem Wasserwerk?«, frage ich.

»Ist kostenlos. E-Werk auch.«

»Wir würfeln also nur noch, und wer über Los kommt, kriegt viertausend Mark?«, frage ich.

»Ja, genau.«

Das Känguru würfelt. Rückt fünf Felder vor. Ich würfle. Ein Sechserpasch.

»Nee. Das ist auch unfair«, sagt das Känguru und schiebt die Spielfiguren zurück. »Wir machen es so: Wir würfeln beide gleichzeitig mit einem Würfel und rücken beide um die Summe der Augen vor.«

»Okay«, sage ich.

Es ist übrigens unentschieden ausgegangen.

Street Art

Wir stehen neben einer modernen Litfaßsäule – einer Litfaßsäule, die sich um sich selber dreht. Eine Litfaßsäule, die es einem ermöglicht, ohne sich von der Stelle zu rühren, alle drei darauf angebrachten Plakate zu begutachten. Es ist dreimal das gleiche Plakat.

»Das muss dieser Fortschritt sein, von dem immer alle reden«, sage ich.

Auf dem Plakat der *Initiative Für Mehr Arbeit* sieht man eine adrett lächelnde junge Frau mit Headset. Unter dem Bild steht in großen Lettern: »Ich bin nur froh im Großraumbüro.«

Ich schüttle mich.

»Wie du ja weißt, bin ich einer der weltweit berühmtesten unbekannten Künstler im Genre, das neuerdings als Street Art gehyped wird«, sagt das Känguru.

»Wer weiß das nicht«, sage ich.

»Und jetzt habe ich mir den letzten Schrei einfallen lassen.«

»Man schreibt irgendwo seinen Namen hin«, sage ich, »und dahinter schreibt man: ›war hier‹?«

»Nein. Falsch zugeordnete Zitate.«

»Zum Beispiel?«

Das Känguru schüttelt seine Spraydose und schreibt auf die Litfaßsäule: »Frage nicht, was dein Land für dich tun kann. Frage, was du für dein Land tun kannst. Kim Jong-un.«

Ich muss lachen.

»Es ist ganz erstaunlich«, sagt das Känguru, »was eine veränderte Zuschreibung der Autorschaft aus den Zitaten macht.«

»Mehr Beispiele.«

»Denn es ist nicht genug, einen guten Kopf zu haben; die Hauptsache ist, ihn richtig anzuwenden«, sagt das Känguru. »Marie Antoinette.«

»Mister Gorbatschow, tear down this wall!«, sage ich. »David Hasselhoff.«

»Ich denke, also bin ich«, sagt das Känguru. »Til Schweiger.«

Wir gehen ein paar Schritte weiter, und das Känguru sprüht an die Wand einer Bankfiliale: »Hasta la victoria siempre! – John D. Rockefeller.«

»Da hat das rote Pferd sich einfach umgekehrt und hat mit seinem Schwanz die Fliege abgewehrt«, sage ich. »Johann Wolfgang von Goethe.«

»Jup«, sagt das Känguru.

»Der Bericht über meinen Tod wurde stark übertrieben«, sage ich. »Jesus von Nazareth.«

»Ich sehe, du hast es verstanden.«

»Guten Freunden gibt man ein Küsschen«, sage ich. »Judas.«

»Hör jetzt auf«, sagt das Känguru.

»Der Vorteil der Klugheit besteht darin, dass man sich dumm stellen kann. Das Gegenteil ist schon schwieriger«, sage ich. »Donald Trump.«

»Ich hätte dir nicht davon erzählen sollen.«

»Alles, was wir sind, ist das Resultat von dem, was wir gedacht haben«, sage ich. »Donald Trump.«

Das Känguru seufzt.

»Ein Freund ist einer, der alles von dir weiß, und der dich trotzdem liebt«, sage ich. »Mark Zuckerberg.«

»Bitte …«

»Wenn man ein 0:2 kassiert, dann ist ein 1:1 nicht mehr möglich«, rufe ich. »Satz des Pythagoras.«

»Seufz.«

»Originalität ist die Kunst, sich Zitate zu merken und zu vergessen, von wem sie stammen«, sage ich. »Das Känguru.«

Flugstunden

»Neue Deutsche? Machen wir selber.«
Dr. Victor Frankenstein

Wir liegen faul und friedlich im Park, als eine kleine Handtaschenratte direkt neben meinem Ohr stehen bleibt und anfängt uns anzukläffen. Ich öffne die Augen und wedle genervt mit meinem Arm: »Schhhh ... Hau ab.«

Doch nun legt der Köter erst richtig los. Das Känguru steht auf, holt Schwung und kickt den Hund in hohem Bogen über die Liegewiese. Das Tier jault überrascht, fliegt, landet zehn Meter von uns entfernt, rappelt sich auf und rennt davon.

»Boah«, rufe ich und springe auf. »Das ... das ... das ...«

»... darf man doch nicht?«, versucht das Känguru meinen Satz zu vollenden.

»... wollte ich auch schon immer mal machen«, sage ich. Das Känguru guckt kritisch dem Hund hinterher. »Das macht der nicht noch mal«, sage ich beeindruckt.

»Ach, diese Yorkshire-Terrier fliegen nicht so gut«, sagt das Känguru sichtlich unzufrieden. »Die verhalten sich aerodynamisch irgendwie ungeschickt. So ein Zwergspitz zum Beispiel oder ein Pekinese wäre bestimmt vier, fünf Meter weiter geflogen.«

»Ach«, sage ich interessiert. »Und welche fliegen am besten?«

»Chihuahuas liegen ganz gut in der Luft«, sagt das Känguru. »Kommt aber auch drauf an, wie sie geschoren sind.«

Da tippt mir eine Bärenpranke von hinten auf die Schulter.

»Ham Sie da jerade meenen Hund jetreten?«

Ich drehe mich um und starre auf nackte Brüste. Große, dicke, nackte, männliche Brüste. Ich drehe den Kopf nach oben, blinzle und sage:

»Ähhä …« Jetzt bloß nix Falsches sagen. »Ich nix deutsch«, sage ich, mache einen Schritt zurück und sehe mich der Personifizierung des Wortes »fies« gegenüber. Nur mit Mühe reiße ich meinen Blick vom nackten, glänzenden, zum Bersten gespannten Bauch mit dem Deutschland-in-den-Grenzen-von-anno-dazumal-Tattoo. Ich seufze. Da kann sich die Welt wirklich glücklich schätzen, dass sich Deutschland nicht so ausgedehnt hat wie das Tattoo auf diesem Bauch.

Die Ausländermasche könnte die falsche Wahl gewesen sein.

»Wie würde et Ihnen jefallen, wenn ick Ihr Känguru boxen würde?«

»Komm doch«, zischt das Känguru leise.

»Also streng genommen ist das nicht mein Känguru«, sage ich und ziehe Hoffnung aus der Tatsache, gesiezt worden zu sein. »Es gehört sich quasi selber. Es ist da sehr heikel, wenn es um Besitzverhältnisse geht. Nicht nur bei Produktionsmitteln.«

»Auch noch Kommunisten, oder wat?«

»Äh …«, sage ich, als ich von einer kleinen bellenden Ratte abgelenkt werde.

»Schhh. Hau ab«, sage ich.

»Willste noch Nachschlag?«, fragt das Känguru und kickt den Hund ein weiteres Mal in die Luft. Alle drei verfolgen wir gebannt die Flugbahn.

»Diesmal habe ich ihn besser getroffen«, sagt das Känguru zufrieden.

Der Typ schlägt zu. Das Känguru duckt sich, zieht seine Pfote in einem roten Boxhandschuh aus seinem Beutel, bringt blitzschnell einen Haken von unten, und der Typ geht k. o.

»Das macht der nicht noch mal«, sage ich beeindruckt. Gleich darauf höre ich schon wieder Gekläffe neben mir.

»Ach«, sagt das Känguru. »Es ist ein ewiger Kampf.«

Leider wahr!

Guten Tag, Kollege!

»Niemand hat die Absicht, eine Mauer zu errichten.«
Bob der Baumeister

Das Känguru zieht an seiner Tüte.

»Schon mal drüber nachgedacht, dass es von uninformiert kein langer Weg zu uniformiert ist?«, fragt es und legt die Tüte im Blumenkasten ab. »Man muss nur ein ›n‹ wegnehmen.«

Dann spuckt es in den Blumenkasten.

»Bäh! Das ist ja eklig!«, rufe ich.

»Was denn? Soll ich etwa vom Balkon runterspucken?«, fragt das Känguru und spuckt noch mal in den Blumenkasten. Es friemelt sich etwas Tabak aus dem Mund. »Der Filter ist nicht so gut geworden.«

Ich blicke auf die unzähligen toten Pflanzen in den Kästen.

»Was für ein Massaker«, sage ich kopfschüttelnd.

»Willst du unterstellen, die Pflanzen sind kaputtgegangen, weil ich da ab und zu reingespuckt habe?«

»Entweder das, oder du hast ihnen zu viele Wortwitze erzählt.«

»Au contraire!«, ruft das Känguru. »Ich glaube, Gerlinde gesagt, dass die Pflanzen vertrocknet sind, weil ich nicht oft genug reingespuckt habe.«

»Das ist wahrscheinlich hochgiftig, was du da ausspuckst.«

»Quatsch. Ich kann gut mit Pflanzen«, sagt das Känguru. »Ich habe den grünen Gaumen.«

»Boah. Wie widerlich.«

Das Känguru spuckt noch mal auf die toten Küchenkräuter.

»Und ich hatte mir letztens Sorgen gemacht«, sage ich, »weil ich das Gefühl hatte, von der Petersilie high zu werden …«

»Fressflash!«, ruft das Känguru und zieht einen halbgegessenen Schokoweihnachtsmann aus seinem Beutel.

»Früher haben wir immer die Verpackungen von den Schokoweihnachtsmännern sehr sorgfältig abgezogen und geplättet, und dann haben wir auf dem Schulhof miteinander getauscht«, sagt das Känguru. »So war das damals im Osten.«

»Als ich zur Grundschule ging, da hatten alle so tolle Stickeralben«, sage ich. »Mit bunten, glitzernden, sogar mit phosphoreszierenden Aufklebern. Nur ich war der einzige Junge auf der ganzen Welt, dem seine Eltern kein Stickeralbum gekauft hatten. Ich weiß nicht mal mehr, warum. Wahrscheinlich fanden sie es zu teuer oder zu blöd, oder sie konnten mich nicht leiden. Jedenfalls habe ich mir dann selber ein Stickeralbum gebastelt, indem ich die leeren Folien zusammentackerte, die übrig blieben, wenn mein Papa seine Adressaufkleber verklebt hatte. Darin habe ich dann ›Schreib mal wieder‹-Aufkleber von der Bundespost – die waren weiß, oval und mit einer fetten Taube – und diese furchtbar hässlichen ›Ein Herz für Kinder‹-Aufkleber gesammelt.«

»Warum hast du nicht gleich die Adressaufkleber von deinem Vater gesammelt?«, fragt das Känguru.

»Habe ich«, sage ich. »Davon hatte ich ’ne ganze Menge im Album.«

»Niedlich.«

»Aber die anderen Kinder wollten nie Aufkleber mit mir tauschen.«

»Es muss hart gewesen sein, im Kapitalismus aufzuwachsen«, sagt das Känguru. »Ihr durftet ja nicht mal ohne Gängeleien ins schöne Mecklenburg fahren, um Urlaub zu machen.«

»Nee«, sage ich. »Immer nur in die Südsee. Jedes Jahr in die Südsee.«

»Das muss genervt haben.«

»Das hat genervt«, sage ich. »Aber es war auch nicht alles schlecht im Westen …«

»Zum Beispiel hattet ihr Farben«, sagt das Känguru.

»Ja, und wir hatten in Einkaufszentren riesige Container mit unfassbar vielen kleinen, giftigen Plastikbällen, wo man seine Kinder loswerden konnte. Was ich damals schon an Weichmachern gelutscht habe … Na ja, wie dem auch sei, ich fand mein Stickeralbum trotzdem super. Ich habe das sogar noch in einer Kiste auf dem Schrank.«

»Ich hab die Weihnachtsmänner bestimmt auch noch irgendwo«, sagt das Känguru und beginnt tief unten in seinem Beutel zu graben. Allerhand Dinge, die im Weg sind, wirft es achtlos zur Seite. Zwei rote Boxhandschuhe, eine Packung Schnapspralinen, Band 17 bis 23 der Marx-Engels-Werke, diverse Aschenbecher, ein sich selbst aufblasendes Riesenkänguru, einen Tacker, einen Flachbildschirm, einen Bolzenschneider und ein Fabergé-Ei, das ich gerade noch auffangen kann. Es zieht eine riesige Mindmap aus seinem Beutel, auf der »Masterplan« steht, und danach einen kleinen Zettel, auf den es die Weltformel gekritzelt hat: »0 = 0«. Schließlich zieht es ein Elementarlehrbuch Deutsch für Ausländer hervor.

»Hier! Kuck!«, sagt es. »Damit hab ich Deutsch gelernt.«

»Echt?«, frage ich.

»Ja, kurz nach dem Vietnamkrieg, als wir aus Ho-Chi-Minh-City nach Ostberlin gekommen sind.«

»Davon hast du mir noch nie erzählt.«

»Na ja«, sagt das Känguru. »Da gibt's nicht viel zu erzählen. Mutti und ich kamen ja als Vertragsarbeiter in die DDR. Beim Vietcong gab es nichts mehr für uns zu tun, und in Ostdeutschland herrschte Arbeitskräftemangel, deshalb hat die DDR Arbeiter aus sozialistischen Bruderstaaten eingeladen.« Das Känguru reicht mir das Lehrbuch. Es heißt:

Guten Tag, Kollege!

Ich schlage es in der Mitte auf und lese laut vor:

»Lesen Sie!

Das ist der Originaltext, Leute!
Kein Witz…

Die Fahrt in den Betrieb

Peter: Guten Tag, Antonio und Carlos. Was habt ihr heute gemacht?

Antonio: Wir sind heute das erste Mal in den Betrieb gefahren.

Peter: Wann seid ihr zur Haltestelle gegangen?

Carlos: Schon um 5:20 Uhr. Zuerst ist der Bus Linie 12 gekommen, aber den Bus haben wir nicht genommen. Er fährt nicht zum Betrieb.

Peter: Habt ihr lange gewartet?

Antonio:	Vielleicht 10 Minuten.
Peter:	Und wie lange dauert die Fahrt zum Betrieb?
Antonio:	Ungefähr 15 Minuten.
Peter:	Habt ihr pünktlich mit eurer Arbeit begonnen?
Carlos:	Ja, pünktlich um 6.«

Ich klappe das Buch wieder zu.

»Glaubst du, Peter war bei der Stasi?«, frage ich.

»Wahrscheinlich waren sie alle drei bei der Stasi«, sagt das Känguru. »Ich stand jedenfalls nicht um 5:20 an der Bushaltestelle, um den Leuten in der Linie 12 zu winken. Klapp mal ganz hinten auf.«

Ich tue wie mir geheißen. Da liegen sorgfältig abgezogen und geplättet zwei Weihnachtsmänner.

»Los! Hol dein Stickeralbum«, sagt das Känguru, »dann können wir tauschen.«

Berlin Alexanderplatz

»Meine Stadt, mein Bezirk, mein Viertel, meine Gegend, meine Straße, mein Zuhause, mein Block.«
Michel aus Lönneberga

Wir laufen quer über den Alexanderplatz. Vorbei an einem Grillwalker, einem Verrückten mit einem Infostand und ein paar Freaks, die sich als Statuen verkleidet haben, sogenannte Dastehende Künstler. Das Känguru grüßt einen Typen, der alte Sowjet-Accessoires verkauft. Wir sind schon fast an der Weltzeituhr vorbei, da winkt uns ein Mann zu sich.

»Can you please take a picture from us?«, fragt er lächelnd in wackeligem Englisch und zeigt auf sich und seine Familie.

»Yeah. Why not …«, sagt das Känguru schulterzuckend. »You look funny.«

Es holt eine Wegwerfkamera aus seinem Beutel, knipst und steckt sie wieder ein.

»No! No!«, sagt der Mann. »With my camera!«

»Ach …«, das Känguru seufzt. »Nee …«

»Na komm schon«, sage ich.

Das Känguru schüttelt seinen Kopf.

»I can do it«, biete ich dem noch immer lächelnden Mann an. Er nickt, und ich nehme die Kamera.

KNIPS.

»Okay?«, frage ich.

Der Mann blickt kritisch auf das kleine Display.

»No! With the TV-Tower please.«

»Okay«, sage ich.

KNIPS.

»Okay?«

»No! The whole tower please.«

»That is impossible! It is too big!«

»No! You go back please.«

Ich gehe zehn Schritte zurück.

»No. No. You go more back.«

Ich seufze und lasse die Kamera sinken.

»I can do it«, sagt das Känguru. Der Mann nickt.

Das Känguru hüpft back, more back, much more back … Schließlich hüpft es um eine Straßenecke und ist verschwunden. Die Familie lächelt immer noch fürs Foto. Nach ein paar Sekunden hört der Vater auf zu lächeln.

»Will it come back?«, fragt er. »The kangaroo?«

»Also …«, sage ich. »Nach umfassenden Studien meinerseits zum Verhalten dieses Beuteltieres würde ich die Chancen für das Eintreffen des von Ihnen angefragten Ereignisses als gegen null tendierend einstufen.«

»What?«

»I don't think so.«

Eine halbe Stunde später finde ich das Känguru wieder. Es prügelt sich vor dem Marx-Engels-Denkmal mit einer lebenden Statue. Kurz überlege ich, ob ich schlichtend eingreifen oder das Ganze lieber, wie alle anderen Umstehenden auch, mit meiner Handykamera filmen soll.

»Hey, hey, hey!«, rufe ich schließlich und gehe dazwischen. »Was soll das denn?«

»Schiller hat angefangen«, schimpft das Känguru.

»Ich bin nicht Schiller«, sagt die Statue aufgebracht. »Ich bin Goethe!«

»Locker bleiben, Friedrich«, sagt das Känguru.

»Ich bin nicht Schiller«, ruft die Statue.

»Nicht aufregen«, sage ich. »Alle Menschen werden Brüder und so weiter.«

»Ich bin nicht Schiller«, schreit die Statue.

Das Känguru holt die Kamera des Touristen aus seinem Beutel und macht ein Foto von der Statue. Ich werfe dem aufgebrachten Schiller eine Münze in seine Mütze und schiebe das Känguru weg.

»Die Aktion vorhin war witzig, was?«, fragt es und hält die Kamera in die Höhe.

»Nun ja«, sage ich. »Ich hab so getan, als ob ich dich nicht kenne. Mache ich öfter.«

Das Känguru stibitzt dem Grillwalker im Vorübergehen ein Würstchen vom Grill. Ich mache einen Schritt zur Seite, deute auf das Känguru und sage: »Kenne ich nicht.«

»Komm. Ich zeig dir was noch Witzigeres«, sagt das Känguru.

Es hüpft auf einen Passanten zu und reicht ihm die Kamera.

»Can you please take a picture from us?«, fragt es. Der Mann nickt und nimmt die Kamera.

»Lauf!«, flüstert mir das Känguru zu und hüpft los. Ich renne hinterher, und wir verschwinden schnell um zwei Straßenecken.

»Das verwirrt die Leute immer total«, sagt das Känguru fröhlich.

»Das glaube ich«, sage ich und ringe nach Atem. »Und was machen wir jetzt?«

Das Känguru holt ein Dutzend billiger Fahrradschlösser aus seinem Beutel. »Jetzt gehen wir zum Alexa-Shopping-Center, schließen fremde Fahrräder fest und setzen uns mit einem Coffee-to-go auf die andere Straßenseite.«

»Das hört sich doch nach 'nem Plan an«, sage ich.

»Du musst den Kaffee bezahlen.«

Ein Problem

»Wieder ein Tag ruiniert!«
Tiktok

Ich sitze in der Küche und trinke Kaffee. Das Radio läuft.

»*Heute*«, sagt der Sprecher, »*führe ich wieder ein Interview mit einer durch und durch uninteressanten Person. Frau Meier, was macht Sie so uninteressant?*«

»*Nun, ich arbeite in einem Büro.*«

»*Am Computer?*«

»*Ja. Mit Excel.*«

»*Das ist tatsächlich schon mal sehr uninteressant.*«

»*Ja.*«

»*Und was machen Sie in Ihrer Freizeit?*«

»*Ich habe zwei Hobbys. Nämlich Fernsehgucken und das zweite habe ich vergessen.*«

»*Und haben Sie Probleme?*«

»*Ja. Geldsorgen.*«

Der Sprecher gähnt.

»*Ich bin auch verheiratet*«, sagt Frau Meier, »*und mein Mann ist noch uninteressanter als ich.*«

»*Schwer vorstellbar.*«

»*Ist aber die reine Wahrheit.*«

Das Känguru kommt in die Küche.

»Ist dir auch schon mal der Verdacht gekommen, dass es mehr Sendeplätze als Inhalte gibt?«, frage ich und mache das Radio aus.

»Ich habe ein Problem«, sagt das Känguru ernst.

»Da bist du nicht allein«, sage ich. »Sogar Frau Meier hat Probleme. Alle haben Probleme. Es gibt garantiert irgendwo auf der Welt auch Leute, die genau dasselbe Problem haben wie du. Und die haben sicherlich ein Forum im Internet. Also warum wendest du dich nicht gleich an die statt an mich.«

»Ich habe gestern«, sagt das Känguru, »als der Himmel so wolkig war, einen Regenschirm in meinen Beutel gepackt, und der ist gerade aus Versehen aufgegangen und hat sich unter dem Fotostativ verklemmt, das ich heute früh im Park … gefunden habe.«

»Na ja«, sage ich, »vielleicht gibt es doch niemanden, der genau dasselbe Problem hat wie du.«

Das ist die mit dem Erzählperspektivenwechsel. Eure Deutschlehrerin liebt die.

Perspektivische Verzerrungen

»Alles, was ich sage, hebt sich auf.
Ich werde nichts gesagt haben.«
Olaf Scholz

»Kannst du heute mal bezahlen?«, fragt das Känguru nach dem Essen.

»Heute?«, frage ich. »Mal?«, frage ich. »Ich muss immer bezahlen, weil du nie Geld mitnimmst.«

»Tja«, sagt das Känguru lächelnd. »So ist das in der Welt. Der eine hat den Beutel, der andere hat das Geld.«

»Ja, aber vielleicht hat der andere irgendwann keine Lust mehr, den einen durchzufüttern.«

»Welcher andere?«, fragt das Känguru.

»Na ich!«, sage ich.

»Ach du immer mit deinem ›ich‹. Ich, ich, ich, ich, ich. Wie in deinen Geschichten: Ich wache auf. Ich gehe ans Telefon. Ich sage, ich frage, ich denke, ich will.«

»Willst du damit kritisieren, dass ich nur Ich-Erzähler-Geschichten schreibe?«

»Nein, nein«, sagt das Känguru. »Jeder, wie er's kann. Das ist halt am einfachsten.«

»Ich kann auch die Erzählperspektive wechseln«, sagt Marc-Uwe aufgebracht. »Jetzt bist du der Erzähler.«

Ich schüttele den Kopf, stecke heimlich den Aschenbecher des Restaurants in meinen Beutel und sage: »Das ändert doch nichts. Immer noch schreibst du als Ich-Erzähler.«

Das Beuteltier regt mich echt auf. Will mir vorschreiben, wie ich zu schreiben habe! Pah! Ich sag ihm doch auch nicht, wie es zu hüpfen hat! Der Käsekuchen sieht lecker aus. Ich kannte mal eine, die zwanghaft jeden Gedanken, den sie hatte, sofort ausgesprochen hat. Zum Glück dachte sie nicht so viel. Hm. Mein Bein ist irgendwie eingeschlafen. Aua. Was war das? Aua.

»Hallo, McFly! Jemand zu Hause?«, ruft das Känguru und klopft mir auf den Kopf. »Was soll das sein? Innerer Monolog? Immer noch Ich-Perspektive!«

Marc-Uwe stutzte.

»Kein Problem. Kein Problem«, sagte er dann. »Allwissender Erzähler.«

Die Kritik an seinem Werk hatte die Aufmerksamkeit des braunhaarigen, mittelgroßen, feingliedrigen jungen Mannes so in Beschlag genommen, dass ihm darüber entging, dass das Känguru diese Kritik nur formuliert hatte, um geschickt davon abzulenken, dass es mal wieder nicht bezahlen konnte. Als Marc-Uwe dies endlich begriff, hatte das Känguru das Café schon längst unauffällig verlassen.

Pech für das Känguru, denn die hübsche Kellnerin spendierte allen Gästen einen Käsekuchen aufs Haus. Dann kam wieder der verrückte Billionär vorbei und verteilte 500-Euro-Scheine. »Ich kann das jeden Tag zwei Stunden machen und habe trotzdem jeden Abend mehr Geld als am Morgen«, sagte er zu Marc-Uwe. »Irre, nicht? Man muss den Kapitalismus einfach gernhaben.« Am Nebentisch saß ein Fremder in Cowboyklamotten mit einem beeindruckenden grauen Schnurrbart. Er drehte sich zu Marc-Uwe und lächelte ihn an.

»Sagen Sie nichts«, sagte Marc-Uwe. »Sie wollen mich fragen, ob ich den Rest Ihres Käsekuchens haben möchte.«

»Woher weißt du das?«, fragte der Fremde mit rauer Stimme.

»Ich bin der allwissende Erzähler«, sagte Marc-Uwe.

»Soso«, sagte der Mann. »Weißt du also auch, wohin und für wen die Busse und U-Bahnen unterwegs sind, auf denen ›Betriebsfahrt‹ oder ›Nicht einsteigen‹ steht?«

»Äh … äh …«, sagte Marc-Uwe. »Also … äh …«

»Bist du dir sicher, dass du wirklich ein allwissender und nicht vielmehr ein unzuverlässiger Erzähler bist?«, fragte der Fremde. »Einer wie Münchhausen?«

»Nein. Sicher bin ich mir nicht«, sage ich, als sich der Fremde in eine Schnapspraline verwandelt.

Das Känguru steckt seinen Kopf zur Tür herein.

»Wird das heute noch was?«, ruft es. »Kommst du endlich? Oh! Eine Schnapspraline …«

Theorie & Praxis

»Der Weg ist das Ziel.«
Der Kapitän der Titanic

Vor fünf Jahren hatte ich einen Flug im Internet gebucht. Äußerst günstig, versteht sich. Abflug: 5:30. Fünf Uhr dreißig. Morgens. Es war unbestreitbar ökonomisch richtig, den frühen Flug zu nehmen. Die praktische Umsetzung meiner Wahnsinnstat bekümmerte mich nicht im Geringsten. Als heute um halb vier der Wecker klingelte, bin ich selbst zum Opfer meines Fünfjahresplanes geworden. Das Känguru hingegen ist quietschfidel, hat ganz laut Nirvana aufgedreht und hüpft dazu wie wild in meinem Zimmer auf und ab. Nun sind auch all meine Nachbarn Opfer meiner unbestreitbar ökonomisch richtigen Entscheidung geworden.

»Alter!«, sage ich. »Es is vier Uhr früh! Was hast'n du für 'nen, äh … Biorhythmus?«

Wir fliegen von Berlin-Schönefeld nach Berlin-Tegel.* Wollen da im gleichnamigen See baden. Durch den Frühbucherrabatt war der Flug einen Euro billiger, als S-Bahn zu fahren.

Als wir das Ticket für die S-Bahn zum Flughafen lösen, beschleicht mich der unangenehme Verdacht, irgendeinen Denkfehler gemacht zu haben.

Am Flughafen gibt es zufällige, verdachtsunabhängige Intensivkontrollen, und wie immer wird zufällig, verdachtsunabhängig ausgerechnet das Känguru kontrolliert.

»Weil ich zufällig, verdachtsunabhängig nicht so unverdächtig weiß-mitteleuropäisch aussehe?«, fragt es.

*Hier noch BER-Witz einfügen.

»Exakt«, brummt der outgesourcte, lohngedumpte Sicherheitsdienstleister.

»Und nu?«, fragt das Känguru. »Was willst du von mir, Mann ohne Eigenschaften?« ← Voll der Bildungsbürgerwitz!

»Leeren Sie mal bitte Ihren Beutel.«

Wahnsinn, was es immer alles dabeihat: Kurt Cobains Tagebücher, eine Familienpackung Aspirin, einen alten Teddybär, eine Hängematte, ein Schlauchboot, eine Mao-Bibel, rote Boxhandschuhe, diverse Aschenbecher, zwei Packungen Schnapspralinen, meinen MP3-Player …

»Ach, kuck an«, sage ich. »Mein MP3-Player.*«

Das Känguru zuckt mit den Schultern. »Ach. Mein, dein. Das sind doch bürgerliche Kategorien.«

»Dann jetzt noch den Beutel aufs Band, bitte«, sagt der Mann.

Das Känguru blickt ihn verwirrt an.

»Das geht nicht«, sagt es konsterniert.

»Den Beutel bitte aufs Band«, wiederholt der Mann.

»Der ist angewachsen«, sagt das Känguru.

»Der Beutel«, sagt der Mann noch mal überdeutlich, »muss aufs Band.«

Seine Kollegin versucht mit einer Übersetzung weiterzuhelfen: »Please put the Beutel on the Band.« Das Känguru zieht mehrmals an seinem Beutel, macht dabei Quietschgeräusche und sagt überdeutlich und genervt: »Angewachsen! Geht nicht!«

»Der Beutel muss aufs Band. So sind die Vorschriften«, brummt der Mann.

»Das ist entwürdigend!«, ruft das Känguru eine Minute später vom Band, kurz bevor sein Kopf in der Durchleuchtemaschine verschwindet.

*Das war eine Art Handy mit dem man nicht telefonieren konnte.

»Ich kann nix erkennen«, murmelt die Frau hinter dem Bildschirm.

»Wir müssen das noch mal machen«, sagt sie zum Känguru, als es auf der anderen Seite wieder rauskommt. »Und drehen Sie den Beutel bitte nach oben.«

»Ihr habt ja wohl den Arsch offen …«, beginnt das Känguru zu fluchen.

Der Mann nimmt sein Funkgerät, um Verstärkung zu rufen, ich blicke das Känguru flehend an. Es schnaubt böse, hüpft vom Band, stampft wieder zurück und legt sich noch mal andersherum drauf.

»Ein Idiot in Uniform«, murmelt das Känguru, »ist immer noch ein Idiot.«

»Ein Idiot in Uniform«, erwidert der Sicherheitsdienstleister, »ist immer noch in Uniform.«

»Kann ich schon durchgehen?«, frage ich.

»Schuhe aus. Hut ab. Jacke weg. Gürtel auf. Pullover runter«, sagt der Mann.

Als das Känguru wieder ganz in der Maschine drin ist, hört man seltsame Geräusche, und plötzlich ist das Bild auf dem Monitor verschwunden. Der Kopf des Kängurus wird unter dem schwarzen Gummivorhang vorgeschoben.

»Und was meinen Sie, Doktor?«, fragt es im fatalistischen Tonfall eines »Emergency-Room-Statisten«. »Isses was Schlimmes?«

Ich habe mich derweil komplett ausgezogen und frage: »Is gut so? Oder soll ich noch die Haare wegrasieren?«

Vier Tage später werden wir aus der Untersuchungshaft entlassen, nachdem das Känguru erfolgreich argumentiert hat, es sei nur an den Kabeln ›hängen geblieben‹, während ich mich damit entschuldigte, nur die Anweisungen – in vorauseilendem Gehorsam – zu Ende gedacht zu haben. Wir werden ins Flugzeug gesetzt, drei Minuten später landen wir in Tegel. Das Känguru ist aber immer noch mies drauf, weil es für seinen Beutel auch noch zehn Euro Gepäckzuschlag bezahlen musste.

Ein Engländer, ein Franzose und ein Österreicher

»Groß machen Kriege niemanden!«
Napoleon Bonaparte

Wir sitzen bei Herta* an der Kneipentheke.

»Ich habe letztens voll den guten Witz gehört«, sagt das Känguru.

»Ah ja?«, fragt Herta.

»Also: Kurz nach dem Zweiten Weltkrieg sind ein Österreicher, ein Engländer und ein Franzose in einem Kriegsgefangenenlager«, sagt das Känguru.

»Was soll denn das für ein Lager gewesen sein?«, frage ich. »Ein Engländer, ein Franzose und ein Österreicher! Da stimmt doch was nicht im historischen Fundament deines Witzes.«

»Ist doch egal. Ist nur ein Witz, Mann! Jedenfalls ein Österreicher, ein Franzose und ein Amerikaner …«

»En Ami?«, fragt Herta. »Ebend war's noch 'n Engländа.«

»Gut, von mir aus ein Engländer«, sagt das Känguru.

»Ich komm einfach nicht darüber hinweg, dass einer von den Achsenmächten mit zwei Alliierten eingesperrt gewesen sein soll«, sage ich.

»Was weiß ich. Vielleicht war der Österreicher ein Deserteur«, sagt das Känguru.

»Aha«, sage ich.

»Oder ein Doppelagent«, sagt das Känguru.

»Wat nu? En Desateur oda 'n Doppelagent?«, fragt Herta.

*"Du denkst, du bist hart, aber ick bin Herta!"

»Ein Doppelagent«, sagt das Känguru beherrscht.

»Aber du hast doch gesagt, ein Kriegsgefangenenlager nach dem Zweiten Weltkrieg«, sage ich. »Warum sollten da ein Engländer und ein Franzose in einem Lager eingesperrt sein? Oder hat in deinem Witz Hitler den Krieg gewonnen?«

»Okay. Vor Ende des Zweiten Weltkrieges.«

»Wird det 'n Nazi-Witz, oder wat?«, fragt Herta. »Will ick nich hörn.«

»Na gut. Nach dem Zweiten Weltkrieg ...«

»Aber ...«, wende ich ein.

»Der Engländer und der Franzose waren auch Doppelagenten«, ruft das Känguru. »Zufrieden?«

»Und der Österreicha?«, fragt Herta.

»Tripelagent.«

»Okay«, sage ich.

»Jedenfalls hatten die total Hunger«, sagt das Känguru.

»Wer?«, fragt Herta.

»Na, der Österreicher, der Franzose und der Amerikaner«, ruft das Känguru.

»Engländer«, sage ich.

»Ja!«, schreit das Känguru fast hysterisch. »Jedenfalls hatte der Franzose eine Uhr ...«

»Wat war dit für 'ne Uhr?«, fragt Herta.

»Hä?«

»Mit Batterie oder zum Uffziehn?«

»Arrghghg! Warum willst du das wissen?«

»Na, falls dit wichtich is für den Witz.«

»Es ist nicht witzi... wichtig«, sagt das Känguru.

»Woher hatte er die Uhr?«, frage ich.

»Von seiner Oma, Mann! Von seiner Oma.«

»Denn war se bestimmt zum Uffziehn«, sagt Herta.

»Bestimmt«, sagt das Känguru.

»Von der Oma mütterlicherseits?«, frage ich.

Das Känguru blickt mich strafend an und deutet mit seinem Zeigefinger auf meine Nase.

»Und?«, fragt Herta.

»Ja. Mütterlicherseits.«

»War die wertvoll?«, frage ich.

»Wisst ihr was?«, sagt das Känguru. »Vergesst die Uhr. Es gibt keine Uhr.«

»Keine Uhr«, sage ich nickend.

»Keine Uhr«, sagt das Känguru.

»Keene Uhr«, sagt Herta.

Das Känguru atmet tief durch.

»Jedenfalls kamen der Österreicher, der Franzose und der Am… Engländer, weil sie so Hunger hatten, auf die Idee, herumzulaufen und …«

»Was soll denn das für ein Kriegsgefangenenlager gewesen sein, wo man einfach so herumlaufen durfte?«, frage ich.

»Es war halt schon eine Weile nach Ende des Krieges.«

»Aba Doppelagenten? Tripelagenten? Die lässt man doch nich einfach so frei rumloofen«, sagt Herta.

»Ach. Leckt mich.«

»Wat denn? Man wird doch wohl nachfragn dürfn«, sagt Herta.

»Jetzt erzähl den Witz zu Ende«, sage ich.

»Nee.«

»Wieso nicht?«, frage ich.

»Ist nicht mehr lustig.«

»Ick kenn 'nen lustijen Witz«, sagt Herta. »Treffen sich

’n Österreicha, ’n Englända und ’n Franzose nach dem Zweeten Weltkrieg in ’nem Kriegsgefangenenlager. Kommt ’n Deutscher hinzu und sacht: ›Wat sollen dit sein? ’n schlechter Witz?‹«

Ich pruste los vor Lachen.

»Voll der gute Witz!«, rufe ich.

»Ach, haltet die Klappe«, sagt das Känguru.

Lost

»Es war schon immer etwas teurer,
einen besonderen Geschmack zu haben.«

Hannibal Lecter

»Scheiße, ist das kalt!«, flucht das Känguru.

Es hüpft vor mir durch den Schnee, die roten Boxhandschuhe über den Pfoten und unfassbar rosafarbene Ohrenschützer auf dem Kopf.

»Glotz nich so blöd«, schimpft es. »Ich weiß, dass das scheiße aussieht.«

Es lässt einen Ast los, der mir direkt ins Gesicht klatscht.

»Warum folge ich dir nur immer wieder auf diese ›Abkürzungen‹?«, murre ich, aber die Frage bleibt nur als lauwarmer Nebel in der eiskalten Abenddämmerung hängen.

»Da vorne müsste der Weg sein«, sagt das Känguru. »Vertrau mir. Meine alten Dschungelinstinkte werden wieder wach.«

»Dschungelinstinkte. Tss. Ich kann es gar nicht fassen, dass wir uns im Tiergarten verlaufen haben …«

15 MINUTEN SPÄTER

»Ich denke, wir sollten unsere Lage akzeptieren und hier Feuer machen«, sagt das Känguru, als wir zum dritten Mal dieselbe Lichtung betreten. »Wenn der Tag anbricht, finde ich auf jeden Fall hier raus.«

Ich verdrehe die Augen und schimpfe vor mich hin. Das Känguru macht derweil Feuer. Plötzlich blickt es mich seltsam an.

»Sag mal … darf ich dich essen, falls du erfrierst?«

»Was?«, frage ich verstört. »Nein!«

»Wieso denn nicht?«, fragt das Känguru. »Ich finde das sehr egoistisch von dir. Wenn ich vor dir erfriere, darfst du mich essen.«

»Ich will dich nicht essen. Das ist ja ekelhaft.«

»Na, danke«, sagt das Känguru. »Du bist auch ekelhaft.«

Es wirft einen Ast ins Feuer und reibt sich die Pfoten.

»Du müsstest mich ja nicht roh essen«, sagt es nach einer Weile. »Du könntest mich ja grillen. Ich würde dich grillen.«

Es zieht etwas aus seinem Beutel.

»Du hast Gewürze dabei?«, frage ich.

»Na?! Na?!«, ruft das Känguru herausfordernd und bestreut sich selbst. »Wollen mal sehen, ob ich mich dir nicht doch schmackhaft machen kann! Ein bisschen Curry hier, ein bisschen Koriander da.«

»Bäh. Ich hasse Koriander.«

»Hörense ma«, brummt da plötzlich eine fremde Stimme. »Die Diskussion könnense sich gleich ma spar'n. Grill'n is in dem Teil vom Tierjarten sowieso nich erlaubt. Ick bin vom Ordnungsamt. Dat jibt 'nen saftijen Strafzettel.«

Das Känguru mustert unseren ungebetenen Gast.

»Sagen Sie mal«, sagt es, »würden Sie sich von Ihrem besten Freund aufessen lassen? In einer Notsituation. Wenn Sie sowieso sterben würden, ihn aber retten könnten?«

Recht lange sieht der Mann so aus, als sei sein Betriebssystem abgestürzt.

»Ick arbeite fürs Ordnungsamt«, sagt er schließlich. »Ick habe keene Freunde.«

»Aber können Sie uns vielleicht sagen, wie wir hier wieder rauskommen?«, frage ich.

»Sie ham sich verloofen?«

Ich nicke.

»Im Tierjarten?«

Ich seufze.

»Dit is nich meen Zuständigkeitsjebiet.«

»Wenn du erfrierst«, sagt das Känguru zu mir, »esse ich dich einfach trotzdem.«

»Ich verbiete dir ein für alle Mal, mich zu essen«, zische ich.

»Also, ick hab zwar keene Freunde«, funkt der Mann vom Ordnungsamt dazwischen, »aber eenet sag ick Ihnen: Wenn ick Freunde hätte, würd ick mir uff da Stelle von selbigen uffessen lassen. Stante pede. Dafür müsst ick nich mal erfroren sein. Einfach so würd ick mir von die uffessen lassen. Nur damit die nich verhungern. Ick meen, wofür hat man denn Freunde? Oda och wenn die keen Jeld für Mittach dabeiham. Würd ick mir uffessen lassen. Oda wenn die einfach Lust uff 'nen kleenen Snack ham. Würd ick mir uffessen lassen. Oda wenn beim Videoabend alle traurig wären, weil keener Schüps mitjebracht hat, würd ick sag'n: ›Freunde! Hier bin icke! Esst doch mir uff.‹«

»Da hörst du's!«, ruft das Känguru mir zu. Sein Magen knurrt. Es wendet sich wieder dem Mann vom Ordnungsamt zu. »Wollen wir Freunde werden?«

Jörn Dwigs und der Deutsche Buchpreis der Ullstein Buchverlage

»Der Dativ dem Genitiv sein Tod ist.«
Meister Yoda

»Warum so fröhlich?«, fragt das Känguru.

Ich winke mit einem Brief. »Mein Lektor hat mir geschrieben, dass ich für den Deutschen Buchpreis der Ullstein Buchverlage nominiert bin!«, sage ich.

»Hab ich noch nie von gehört.«

»Ich auch nicht«, sage ich gut gelaunt. »Aber ist doch super!«

»Wie heißt der Preis?«

»Der Deutsche Buchpreis der Ullstein Buchverlage«, sage ich. »In der Kategorie ›Buch mit sprechendem Tier‹.«

»Ist da noch jemand anderes nominiert?«

»Keine Ahnung«, sage ich. »Aber ist doch super. *Die Känguru-Chroniken** sind keine zwei Wochen draußen, und schon für einen Preis nominiert. Es gibt ein Gala-Event mit allerhand Promis, und das wird im Fernsehen übertragen und von der bekannten Moderatorin … äh«, ich werfe einen Blick in den Brief, »äh … Julia Müller moderiert.«

»Julia wer? Hab ich noch nie von gehört.«

»Ich auch nicht«, sage ich. »Aber die ist bestimmt … äh … okay.«

»Gibt's Geld dafür?«, fragt das Känguru. Noch einmal überfliege ich den Brief.

»Nee«, sage ich nachdenklich und setze mich auf.

»Nun ja«, sagt das Känguru.

*Super Buch. Sehr sympathische Hauptfigur.
Also die mit Beutel …

»Manno«, sage ich. »Bis eben hatte ich mich noch total gefreut …«

Drei Wochen später stehen wir in einem Saal mit dem Charme einer Großraumdisco und warten auf den Beginn der Gala zur Verleihung des Deutschen Buchpreises der Ullstein Buchverlage. Das Känguru hat einem Kellner das komplette Tablett mit Häppchen abgenommen und schnabuliert fröhlich vor sich hin. Ich blicke durch die Gegend und fühle mich unwohl.

»Halli-Hallo! Ich bin Julia Müller«, dringt plötzlich eine voluminöse Frauenstimme an mein Ohr. »Und Sie sind bestimmt Kai-Uwe Kling.«

»Er heißt Marc-Uwe«, sagt das Känguru, ohne seinen Blick vom Tablett zu nehmen, wo es sich gerade ein neues Häppchen aussucht. »Er hasst es, wenn man ihn Kai-Uwe nennt.«

»Kai-Uwe hat immer mein Musiklehrer gesagt«, sage ich grummelnd. »Ich habe ihm das nur verziehen, weil er Gerd-Dieter hieß.«

»Ahahahamuhmuhmuh«, lacht Julia Müller prustend. Das Känguru blinzelt.

»La vache qui rit«, sagt es erstaunt.

»Ahahamuhmuh … äh … wie bitte?«, fragt Frau Müller.

»Die Kuh, die lacht«, sagt das Känguru und blickt ihr ins Gesicht.

»Meinen Sie etwa mich«, fragt die Moderatorin. Ihr Gesichtsausdruck mäandert zwischen irritiert und empört. Das Känguru hält die Spannung, bis sie fast unerträglich ist, dann sagt es mit Unschuldsmiene: »Der Käse auf den Schnittchen … Auch eins?«

»Ahahamuhmuhmuh«, lacht die gute Julia wieder, nimmt ein Gürkchen von einem Schnittchen und verschwindet.

»La vache qui rit«, sage ich nickend. »Chapeau, mein liebes Känguru! Sehr schön.«

Wir haben einen Wettbewerb laufen, wer am besten Leute beleidigen kann, ohne dass sie es merken.

»Danke, danke!«, sagt das Känguru und isst das letzte Häppchen vom Tablett.

»Ich würde sagen, mindestens fünf Punkte«, verkünde ich.

Das Känguru zieht unsere Spielstandstabelle aus seinem Beutel. Es liegt komfortabel in Führung.

»Halt mal kurz«, sagt es und reicht mir das leere Tablett. Ich greife zu.

»Verdammt«, sage ich sofort danach. »Ich bin auf ein Halt-mal-kurz reingefallen.«

»Der älteste Trick der Welt, Alter!«, sagt das Känguru kopfschüttelnd.

»Wie ärgerlich.«

»Übrigens: Wenn du es vermeiden kannst«, sagt das Känguru, »dann schüttle diesem Typen dahinten nicht die Hand.«

»Wer ist das?«

»Das ist ein Bankdirektor, der …«

»Okay.«

»Was okay?«

»Na, das reicht mir schon«, sage ich. »Das kann ich als Grund akzeptieren.«

»Sein Zwillingsbruder ist Asylrichter und will eine neue nationalkonservative Partei gründen …«

»Hui! Das klingt ja nach 'ner sympathischen Familie. Wer war der Vater? Axel Springer?«

»Du hast bestimmt schon von den Brüdern gehört«, sagt das Känguru. »Der Asylrichter ist durch seine Ablehnungsquote von 100 Prozent bekannt geworden. Die Boulevardpresse hat ihn als ›Richter Schadenfroh‹ gefeiert, weil er immer so hämisch lacht, bevor er die Leute zurück aufs Floß schubst.«

»Ah! Na klar! Jörg Dwigs«, sage ich.

»Und das dahinten ist sein Zwillingsbruder Jörn«, sagt das Känguru. »Der finanziert ihm den Wahlkampf.«

»Ja, ja. Das ist doch auch der Typ, der letztens seine 95 Thesen über Migration an die Pforte der Moschee in Neukölln genagelt hat.«

»Sein Buch ist bestimmt nominiert in der Kategorie: ›An deutschen Thesen soll die Welt genesen‹«, sagt das Känguru.

»Eher am deutschen Tresen«, sage ich.

»Wie heißt das Buch noch mal?«

»Ich glaube ›Mein Krampf‹.«

»Da gibt es mal wieder eine große internationale Systemkrise«, sagt das Känguru kopfschüttelnd, »und dann kommt einer an – noch dazu ein Banker – und sagt: ›Schuld haben nicht etwa die Politiker, die Banker, die Lobbyisten oder der Kapitalismus … Nein! Schuld haben‹ – Achtung! – ›DIE AUSLÄNDER!‹ Na klar. Juchhe! Voll die neue Idee! Und der ganze Pöbel ruft: ›Ja, das habe ich mir schon immer gedacht. Die sehen ja schon so komisch aus, und die reden so seltsam, und die mögen keine Leberwurscht!‹«

Jörn Dwigs macht sich, von meinem Agenten flankiert, auf den Weg in unsere Richtung.

»Wenn man vom Teufel spricht«, sage ich.

»Marc-Uwe! Darf ich vorstellen«, sagt mein Agent. »Das ist Jörn Dwigs.«

»Ich bin ein großer Freund und Förderer der deutschen Kunst und Kultur«, sagt Dwigs und streckt mir seine Hand entgegen.

Ich zucke mit den Schultern und deute mit der Nase auf das Tablett, das ich krampfhaft mit beiden Händen festhalte. Er zieht seine Hand zurück. Dem Känguru hat er sie nicht angeboten. Das Känguru streckt ihm daraufhin seine Pfote hin, und als Dwigs sie widerwillig ergreifen möchte, zieht das Känguru seine Pfote zurück und streicht sich das Fell auf dem Kopf zurecht. Dann zwinkert es. Und lächelt. Auch Dwigs zwingt sich zu einem Lächeln. Ich drücke meinem Agenten das Tablett in die Hand.

»Halt mal kurz«, sage ich.

»Herr Dwigs wurde gestern auf dem Gründungs-Parteitag der SV zum zweiten Vorsitzenden gewählt«, sagt mein Agent.

»SV steht für Sicherheit und Verantwortung«, erläutert Dwigs ungefragt.

»Ich hätte jetzt gedacht, SV steht für Schlussverkauf«, sage ich.

»Wie meinen?«, fragt Dwigs.

»Das wäre doch sehr passend«, sage ich. »Wo das Motto der Partei schon ›Alles muss raus‹ lautet.«

»Ha, ha, ha«, lacht mein Agent gezwungen. »Alter Scherzkeks!«

Dann wendet er sich an Dwigs und reicht ihm das Tablett.

»Könnten Sie das bitte kurz mal halten?«

Während Dwigs von einem Neuankömmling begrüßt wird, zieht mein Agent mich und das Känguru zur Seite.

»Man sollte sich solche Leute nicht zum Feind machen«, sagt er. »Man weiß nie, wie es kommt. Laut einer Umfrage der Bildzeitung käme die SV bei einer sofortigen Wahl aus dem Stand auf 18 Prozent.«

»Was haben die nur immer mit 18 Prozent?«, fragt das Känguru. »Immer wenn sie irgendeine schockierende Umfrage über eine extremistische Partei präsentieren, nehmen sie 18 Prozent. Ich muss pissen«, und es verschwindet in die Menschenmenge.

Als das Känguru eine halbe Stunde später wieder auftaucht, ist die Gala in vollem Gange. Es hat ein neues Tablett Häppchen dabei, grinst und setzt sich zu uns an den Tisch. Plötzlich steht Dwigs vor uns. Ein leeres Tablett klemmt unter seinem Arm. Er zischt das Känguru an: »Wahrscheinlich glauben Sie, wir werden nie an die Macht kommen, aber …«

»Na ja«, unterbricht ihn das Känguru. »Marx hat ja mal gesagt: ›In der Weltgeschichte passiert alles zweimal: Das erste Mal als Tragödie, das zweite Mal als Farce.‹«

Es zieht die Spielstandstabelle aus dem Beutel und gibt sich noch zwei Punkte.

»Selbst wenn wir nicht an die Macht kommen …«, sagt Dwigs, »wir werden durch unsere Thesen die öffentliche Debatte so weit nach rechts verschieben, dass …«

Das Känguru streckt Dwigs seine Pfote entgegen und sagt:

»Talk to the paw.«

Dwigs stürmt wütend aus dem Saal und wirft am Ausgang das Tablett in eine Ecke.

»Huiuiui«, sagt mein Agent kopfschüttelnd. »Wer hat dem bloß ans Bein gepinkelt?«

Das Känguru reibt sich seine Nase.

»Das war dann wohl ich«, sagt es.

»Ach?«, fragt mein Agent. »Was haben Sie denn gemacht?«

»Na, ich habe ihm ans Bein gepinkelt.«

»Wortwörtlich?«, frage ich.

»Ich hab doch gesagt, ich geh pissen«, sagt das Känguru. »Du weißt doch, ich nehme da an diesem Kunstprojekt teil … Mit den angewandten Redewendungen. Und die Gelegenheit war günstig. Ich stand zufällig hinter ihm.«

»Soso«, sage ich. »Zufällig …«

»Da kann man jetzt natürlich darüber streiten, ob das eine wirklich dauerhafte Lösung des Problems war«, sagt das Känguru, »aber für diesen einen kleinen Moment war's großartig.«

Mein Agent stupst mich an, und wir wenden uns der Bühne zu.

»Und der Deutsche Buchpreis der Ullstein Buchverlage in der Kategorie ›Buch mit sprechendem Tier‹ … ahahamuhmuhmuh … geht dieses Jahr an …«, Julia Müller macht eine spannungsreiche Pause und öffnet das Kuvert. Dann ruft sie:

»Marc-Dieter Kling!«

Fassungslos starre ich auf die Bühne.

Das Känguru klopft mir aufmunternd auf die Schulter.

»Was soll ich denn jetzt machen?«, frage ich.

»Sag, was ich sagen würde«, sagt das Känguru.

Ich nicke. Ich stehe auf. Ich betrete die Bühne. Ich nehme den Preis vom Rednerpult und drücke ihn Julia Müller in die Hand.

»Halt mal kurz.«

Ich stelle mich vors Mikrofon und suche den Blick des Kängurus. Es nickt mir zu.

»Ich lehne diesen Preis ab«, rufe ich, »... weil es kein Geld dafür gibt!«

Der große Lebowski-Abend

»Wir hatten zwei Beutel Gras, fünfundsiebzig Kügelchen Meskalin, fünf Löschblattbögen extrastarkes Acid, einen Salzstreuer halbvoll mit Kokain und ein ganzes Spektrum vielfarbiger Upper, Downer, Heuler, Lacher … nicht, dass wir das ganze Zeug für den Trip wirklich brauchten, aber wenn man sich einmal darauf einlässt, eine ernsthafte Drogen-Sammlung anzulegen, neigt man eben dazu, extrem zu werden.«

Tinky Winky

Wir laufen vom Schlesischen Tor nach Hause.

»Dein Schuh ist übrigens offen«, sagt das Känguru.

Ich reiche dem Känguru den Karton mit meiner Minipizza.

»Halt mal kurz«, sage ich und bücke mich zu meinem Schuh.

»Das ist einer der seltenen Momente, in denen ein ›Halt-mal-kurz‹ nach hinten losgehen kann«, sagt das Känguru und verschlingt mein Pizzastück.

Mein Schuh war gar nicht offen.

»Ey!«, sage ich, aber das Känguru ist wie das Leben. Es geht einfach weiter. Und ich laufe hinterher.

»Was machen wir eigentlich heute Abend noch?«, frage ich.

»Du baust 'ne Tüte, ich mixe White Russians, wir schauen *The Big Lebowski* und gehen danach bowlen«, sagt das Känguru. »Guter Plan, wa?«

»Das ist kein guter Plan«, sage ich. »Das ist ein großartiger Plan. Das ist ein bekackt genialer Plan, den solltest du einrahmen. Der ist so genial wie eine Schweizer Uhr.«

»Müssen wir nur noch kurz einkaufen gehen.«

Gleich nach Betreten der Brachfläche, die sich irreführenderweise Görlitzer »Park« nennt, nähert sich uns ein geschäftstüchtiger junger Mann.

»Hey! Braucht ihr was?«, fragt er.

»Was bieten Sie denn feil?«, fragt das Känguru.

»Tupperware, Teflonpfannen, Stabmixer«, sagt der Mann. »Haushaltswaren aller Art.«

»Oh«, sage ich überrascht, »... also ... äh ... ich überlege tatsächlich schon lange, ob ich nicht so einen Stabmixer ...«

»Alter! War nur Quatsch!«, sagt der Mann. »Ich verkaufe Drogen.«

»Ah. Ach so«, sage ich. »Auch nicht schlecht. Wir, äh, bräuchten was für einen Themenabend.«

»*Scarface*, *Trainspotting* oder *Fear and Loathing in Las Vegas*?«

»Ich dachte eher an *The Big Lebowski*«, sage ich.

»*Lebowski*, *Cheech & Chong*, *Easy Rider* ... Kinderkram. Das macht alles der Kollege im Bademantel da drüben.«

»Der da?«, frage ich.

»Nee. Der macht *Requiem for a Dream*. Nicht verwechseln, die beiden. Böser Fehler. Ich könnte euch aber noch *Pulp Fiction* anbieten.«

Das Känguru blickt mich fragend an.

»Nee danke«, sage ich. »Ich hab keinen Bock, schon wieder tanzen zu gehen.«

Plötzlich dreht sich der Mann um und schlägt wild in die Luft.

»Diese verdammten Fledermäuse ...«, flucht er.

»Der hat wohl Lektion Nummer zwei vergessen«, flüstert das Känguru und zieht mich weg. »Don't get high on your own supply.«

Wir gehen auf den Kollegen im Bademantel zu.

»Lebowski«, sage ich. »Themenabend.«

»Kein Problem, Dude«, sagt der Mann und öffnet seinen Bademantel. »Gras, Wodka, Kahlúa, Tetra Pak H-Milch. Hab ich alles da.«

»Kann ich mit Scheck bezahlen?«, frage ich.

»Klar. Scheck, Kreditkarte, Paypal. Geht alles. Ich schreib dir auch gerne Punkte gut auf deiner Payback-Karte. Ich hab sogar ein kleines Heft, da mach ich dir Stempel rein, und der zehnte Einkauf ist umsonst!«

»Echt? Cool!«

»Alter! Du willst Drogen kaufen!«, sagt der Mann. »Du musst bar bezahlen!«

»Verstehe.«

»Wie viel brauchst du?«

»Na ja. Für mich und das Känguru hier«, sage ich.

»Alter, ist ja nicht mein Business, aber wenn du schon Kängurus siehst, solltest du vielleicht nicht noch mehr einwerfen.«

Ich blicke verwundert auf das Känguru.

»Sehen Sie das Känguru denn nicht?«, frage ich.

»Klar sehe ich das Känguru«, sagt der Mann. »Aber ich sehe allerhand abgefahrenen Scheiß, und die Erfahrung hat mich gelehrt, dass vieles davon nicht wirklich da ist. Gerade lese ich zum Beispiel ein Buch über einen Typen, der mit einem Känguru in einer WG wohnt, und jetzt sehe ich halt ein Känguru. Aber immer noch besser als letzte Woche. Da habe ich *Er ist wieder da* gelesen und überall Hitler gesehen.«

»Ich, ähm«, ich räuspere mich, »ich habe das Buch geschrieben.«

»Das mit Hitler?«

»Nein!«, sage ich. »Das mit dem Känguru.«

»Echt?«, fragt der Mann.

»Ja«, sage ich. »Ähm … und … also … darf ich fragen: Wie hat es Ihnen … nun … also … wie hat es Ihnen denn gefallen?«

»Viel Schönes dabei«, sagt der Mann. »Aber weißte, was ich gedacht habe? Ihr Künstler schafft nicht nur Unterhaltung. Ihr schafft auch *role models*, also Vorbilder. Ist dir das klar?«

Ich blicke nervös auf das Känguru, welches gerade einem auf einem Bierbike vorbeifahrenden Junggesellenabschied einen dicken Stock in die Speichen wirft. Das Bierbike kommt abrupt zum Stillstand, und einer der Betrunkenen purzelt fast wie in Zeitlupe von seinem Sitz. Das Känguru zieht einen Wertungsblock aus seinem Beutel und vergibt eine 5,9.

»Nur so zum Beispiel«, fährt der Dealer fort. »Wenn du über Figuren schreibst, die es cool finden, Drogen zu nehmen, legst du damit auch deinen Lesern nahe, dass es cool ist, Drogen zu nehmen.«

»Ich muss zugeben, eine vonseiten eines Drogendealers unerwartete Kritik«, sage ich.

»Ich wäre doch niemals Dealer geworden, wenn ich damals als Teenager nicht David Bowie und Iggy Pop so cool gefunden hätte«, sagt der Mann.

»Also, Moment mal«, sage ich. »Ich glaube, Sie machen da die Kunst zum Sündenbock verfehlter … äh … privater und politischer Entscheidungen. Die Glorifizierung von Exzess und Gewalt in der Kunst ist nur ein Spiegel der Gesellschaft und hat keine nennenswerte Rückwirkung auf die reale Welt.«

»Ey, du bist derjenige, der bei mir für einen Themenabend einkauft«, sagt der Drogendealer. »Du musst es wissen.«

Das Bier

»Das ist nicht meine Freundin.
Ich helfe ihr nur, schwanger zu werden!«
Der heilige Geist

»Ich finde tackern super«, sage ich. »Ich finde, man sollte viel mehr tackern!«

»Mhm«, sagt das Känguru gedankenverloren. Es sitzt am Schreibtisch und arbeitet an seinem unveröffentlichten Hauptwerk »Opportunismus und Repression«. Plötzlich stehen eine dicke Frau und ein kleiner Junge in einem noch kleineren Anzug neben uns im Zimmer.

»Wir müssen unbedingt mal die Wohnungstür reparieren«, sagt das Känguru.

»Nehmen Sie sich kurz fünf Minuten Zeit für Gott«, sagt die Frau.

»Für wen?«, frage ich abwesend.

»Für den Herrn, den Vater, den Schöpfer, den Allmächtigen, den …«

»Ach so. Nee«, sage ich. »Keine Zeit. Ich muss noch was … äh … tackern.«

Die Frau stößt den Jungen an, und dieser beginnt, seinen Text aufzusagen: »Wir alle haben Fragen an Gott …«

»Nee. Ich nich …«

»… die Bibel hilft uns, die Antworten zu finden.«

»Dann beantwortet mir mal Folgendes«, sagt das Känguru, steht vom Schreibtisch auf und nimmt der Frau die Bibel aus der Hand: »Warum ist das hier das meistgedruckte Buch der Welt? Ich meine, es ist doch einfach lausig geschrieben! Wenn ich allmächtig wäre, hätte ich mir einen Ghostwriter mit Talent gesucht. Jemand wie Dostojewski hätte die Passion Christi aufschreiben sollen! Oder Cervantes! Oder Sophokles. Stattdessen Lukas, Markus, Malte und Mel Gibson. Bitte wer? Und überhaupt: diese Evangelien. Unter uns gesprochen, der dramaturgische Sinn davon, vier Mal hintereinander genau das Gleiche zu erzählen, erschließt sich mir einfach nicht ganz. Mutige Idee. Sicher. Aber alles in allem kann man froh sein, dass sich dieser Kunstgriff nicht durchgesetzt hat.«

»Was heißt hier nicht durchgesetzt?«, frage ich. »Denk nur mal an *Rocky*. Sechs Mal hintereinander genau das Gleiche. Auch total erfolgreich. Überhaupt: Warst du in den letzten paar Jahren mal im Kino? Schon mal 'ne Fortsetzung gesehen?«

»Ja, aber *Rocky* war wenigstens lustig!«, ruft das Känguru.

»Ich meine, die Bibel hat doch alle Ingredienzien eines Dan-Brown-Bestsellers. Völkermord, Inzest, Vergewaltigung und irgendwas Abgefahrenes mit Religion. Warum zündet die Lektüre trotzdem nicht? Hm?«

»Das habe ich mich auch schon oft gefragt«, sagt der Junge.

»Weil man die Bibel gut mit einem Vier-Stunden-Film vergleichen kann, der auf eine Länge von vierzig Stunden aufgebläht wurde, einfach dadurch, dass anscheinend wahllos an allen möglichen und unmöglichen Stellen immer und immer wieder der komplette Abspann mit allen Beteiligten über den Schirm flimmert. Nur werden nicht nur die Beteiligten genannt, sondern auch all ihre Väter und Söhne und deren Söhne und deren Söhne und deren Söhne und wie alt die jeweils geworden sind.«

»Man kann aber auch viel Spaß haben mit der Bibel«, sage ich.

»Ah ja?«, fragt das Känguru.

»Ah ja?«, fragt der Junge.

»Na klar«, sage ich. »Zum Beispiel wenn man in der Johannes-Offenbarung immer das Wort ›Tier‹ durch das Wort ›Bier‹ ersetzt.«

Ich nehme dem Känguru die Bibel weg und deklamiere:

»Und das Bier, das aus dem Abgrund aufsteigt, wird mit ihnen kämpfen und wird sie überwinden und wird sie töten, und seine Zahl ist 1664. Und die ganze Erde wunderte sich über das Bier, und sie beteten das Bier an und sprachen: WER IST DEM BIER GLEICH, *wer kann mit ihm kämpfen? Und ein Engel sprach mit großer Stimme: Wenn jemand das Bier anbetet, der wird von dem Wein des Zornes Gottes trinken.«*

Entsetzt zieht die Mutter ihren kichernden Sohn aus unserer Wohnung.

»Kuck, dass du aus dem Verein rauskommst, bevor sie dich zum Ministranten machen!«, ruft das Känguru.

»Aus dieser Bibelstelle kommt ja auch die Volksweisheit: Wein auf Bier, das rat ich dir«, sage ich.

»Ach, sei still und geh dich beschäftigen«, sagt das Känguru, greift in seinen Beutel und reicht mir einen Tacker.

TACK.

»Aua! Spinnst du?«, ruft das Känguru.

»Knopf im Ohr«, sage ich und lache.

»Nicht witzig!«, sagt das Känguru.

Probiert auch mal in Zeitungsartikeln das Wort Ministerium durch Mysterium zu ersetzen …

Die Korrekturen

»Wer sich nicht seiner Vergangenheit erinnert,
ist verurteilt, sie zu wiederholen.«

~~*Rocky Balboa*~~
John Rambo

Des Abends laufen wir an einer Kirche vorbei, an deren Wand jemand »Religion hat Tausende von Menschen getötet!« gesprayt hat.

»Ts, ts, ts, ts, ts«, sagt das Känguru und schüttelt seinen Kopf. »Ist das nötig? So was muss doch nicht sein.«

Es holt eine rote Spraydose aus seinem Beutel, streicht »Tausende« durch und schreibt »Millionen« darüber.

»Leichtsinnsfehler …«, murmelt es.

»Und ich habe mich schon gefragt, was das für ein Typ ist, der jedes Graffito in unserem Block mit Rot überschmiert«, sage ich.

»Nicht überschmiert«, sagt das Känguru. »Korrigiert. Verbessert! Die Leute machen so viele Fehler … Das glaubst du nicht. Inhaltlich. Formal. Rechtschreibung. Kommunismus mit einem M! Von der Zeichensetzung will ich gar nicht reden.«

»Und was sollen diese Korrekturen bringen?«, frage ich.

»Komm mit, Piggeldy«, sagt das Känguru und trottet los.

Zwei Straßen weiter zeigt es mir einen schwarzen »Nazis raus!«-Schriftzug an der Wand.

Mit Rot steht daneben: »Deine Einstellung ist grundsätzlich löblich und deine Absicht zumindest verständlich. Aber da du forderst ›raus‹, stelle dir doch bitte auch die Fragen: Wo raus? Und wohin? Raus aus Deutschland? Schön und gut. Aber wohin? Denn wer will die schon haben? Keiner! Es hat dem Ausland verständlicherweise keineswegs gefallen, als die Nazis das letzte Mal in großer Zahl aus Deutschland rausmarschierten. Schließlich musst du noch bedenken, dass die Nazis dann plötzlich selber Ausländer wären, und wenn du die dann immer noch hassen würdest, wärst du dann selber Nazi? Und müsstest du dann selber raus? Und wo raus und wohin? Du hättest also genauso gut schreiben können: ›Selber!‹ Auf diesem Kindergartenniveau bewegt sich leider deine Argumentation.«

Die komplette Wand ist vollgeschmiert.

»Und das hilft?«, frage ich.

Ich werde zwei Ecken weiter geführt. Dort steht mit Schwarz an der Wand: »Nazi! Bedenke! Du suchst dir für deine Probleme Sündenböcke, dabei bist in Wahrheit du selbst das Problem. Du und das System natürlich.«

»Besser!«, steht mit Rot daneben. »Bei den Worten ›Nazi! Bedenke!‹ kommen mir zwar gleich Sätze wie ›Tauber! Höre!‹ oder ›Blinder! Sieh!‹ in den Sinn. Als rhetorische Figur aber i. O.«

»Es muss ganz schön anstrengend sein, mit den Korrekturen auf dem Laufenden zu bleiben«, sage ich.

»Du machst dir keine Vorstellung«, sagt das Känguru. Ich entdecke ein Graffito auf der gegenüberliegenden Straßenseite und deute darauf. »Hitler ist besser wie der Kapittalismus«, steht da.

Das Känguru schüttelt entsetzt seinen Kopf. Wir hüpfen über die Straße, und es beginnt zu sprühen:

»Huiuiuiuiui. Da weiß ich gar nicht, wo ich anfangen

soll. Also rein formal: Kapitalismus mit Doppel-T. Ist das dein Ernst? Außerdem ist der Typ tot. Wie wäre es also mit Präteritum? Und natürlich: ›als‹! Jetzt inhaltlich: Meiner Meinung nach kann man die komplette sogenannte Kapitalismuskritik von rechts, also Kritik an ausländischen Heuschrecken, Ruf nach einem nationalen Protektionismus etc., auf den selten dummen Satz: ›Als Deutscher steht es mir zu, von einem Deutschen ausgebeutet zu werden‹ reduzieren.«

Das Känguru schüttelt seine Spraydose. Als es ansetzt, den nächsten Satz zu schreiben, bemerke ich, dass wir nicht mehr alleine sind. Die Verfasser des ursprünglichen Statements oder ein paar ihrer Geistesbrüder stehen auf der anderen Straßenseite und beobachten uns.

»Was tun?«, frage ich.

»Mööööp! Wie heißt Lenins Hauptwerk?«, antwortet das Känguru.

»Wir spielen hier nicht Jeopardy!«, flüstere ich. »Kuck mal, die Typen da drüben!«

Das Känguru wirft einen kurzen Blick über die Schulter.

»Da muss man sich nicht lange fragen, bei welcher Partei die ihr Hakenkreuz machen«, sagt es. Der Trupp beginnt, die Straße zu überqueren. Sie sind von recht unterschiedlicher Gestalt. Der Erste ist ziemlich klein, der Zweite sehr groß, der Dritte sehr dick, und der Vierte hat Haare.

»Was sollen wir denn jetzt machen?«, frage ich.

»Fragen wir sie doch mal«, sagt das Känguru und dreht sich zu den Neuankömmlingen.

»Wen was fragen?«, fragt der Kleine.

»Bonjour!«, sagt das Känguru gut gelaunt. Die Augen des Kleinen zucken.

»Wat für 'ne Uhr?«, fragt der Große.

»Na, was sollen wir denn jetzt mit euch machen?«, fragt das Känguru.

»Inwiefern?«, fragt der mit den Haaren.

»Na, immer wenn man auf euch Nazis trifft, will man ja was gegen euch machen«, sagt das Känguru. »Man fragt sich nur, was.«

»Was?«, fragt der Kleine.

»Ja, genau«, sage ich. »Was.«

»Setzt euch doch politisch mit uns auseinander«, sagt der mit den Haaren.

Ich muss lachen. Er auch.

»Was genau macht ihr hier eigentlich?«, sagt der Kleine.

»Wonach sieht es denn aus?«, fragt das Känguru.

»Es sieht so aus, als ob ihr Stress sucht!«

»O nein!«, sagt das Känguru. »Ganz im Gegenteil. Wir möchten uns gerne bei euch auf ein Praktikum bewerben.«

»Was?«, fragt der Große.

»Welches Wort hast du nicht verstanden?«, fragt das Känguru. »Wir möchten bewerben Praktikum.«

»Wir haben aber keine Praktikumsstelle ausgeschrieben«, sagt der Kleine und spuckt auf den Boden.

»Ja, das ist eine Initiativbewerbung«, sage ich. »Wir sind flexibel, belastbar, innovativ, kreativ, teamfähig, begeisterungsfähig und kreativ.«

»Wir würden gerne neue Soft Skills erlernen durch die Beteiligung an Regionalligaspielen, Hetzjagden, Landtagen und was ihr sonst noch so treibt«, sagt das Känguru.

»Saufen!«, ruft der Große.

»Halt die Klappe, Blödkopf«, sagt der Dicke.

»Einen Moment, bitte«, sage ich in die plötzlich entstandene Pause hinein. »Strategiebesprechung.« Ich flüstere dem Känguru ins Ohr: »Was ist hier der Plan? Du willst sie so wütend machen, dass unser Tod kurz und schmerzlos wird?«

»Nein, nein«, flüstert das Känguru. »Uns kann nichts passieren. Vertrau mir.«

Ich seufze.

»Also?«, fragt der Kleine.

»Das ist eine Initiativbewerbung«, sage ich.

»Diese Fremdwörter!«, schreit er. »Die rauben anständigen deutschen Wörtern ihren Platz auf der Satzbaustelle! Sprecht Deutsch mit mir! Glaubt ihr wirklich, wir würden hier stehen, wenn …«

Er stockt.

»Wenn ihr ein wenig Bildung genossen hättet?«, versucht ihm das Känguru zu helfen.

»Wenn wir ein wenig Bildung genossen hätten?«, übernimmt er den Vorschlag.

»Nein, sicherlich nicht …«, versuche ich ihn zu beruhigen.

»Na seht ihr!«, unterbricht er mich.

»Diese importierten Termini und Anglizismen demolieren die germanische Diktion und deformieren signifikant die Syntax«, sagt der mit den Haaren.

»Ganz genau!«, sagt der Kleine. »Was er gesagt hat … Und jetzt übersetzt ihr dieses dreckige Fremdwort in ein anständiges Deutsch.«

»Okay. Von mir aus«, sage ich.

»Und?«, fragt der Kleine nach einer Pause.

»Was?«, frage ich.

»Was bedeutet es?«

»Es?«, frage ich etwas verängstigt. »Das ist ein Personalpronomen.«

Er läuft rot an.

»Ein gutes deutsches Personalpronomen«, ergänzt das Känguru.

»Du sollst es übersetzen, Kerl!«, ruft der Kleine.

»In welche Sprache denn?«, frage ich. »Englisch? It.«

»Nein, das Fremdwort von vorhin«, ruft der Kleine.

»Ach so. Personalpronomen«, sage ich. »Ein Fürwort. Ein persönliches Fürwort.«

»Nein, das Fremdwort von davor«, ruft der Kleine. »Integrativbewerbung.«

»Initiativbewerbung«, sage ich.

»Nein! Sag es auf Deutsch!«, ruft er.

»Ach so. Von mir aus.«

»Na dann sag es endlich!«, schreit er. »Was bedeutet es?«

»Von ihm aus!«, sagt der mit den Haaren beschwichtigend.

»Fang du nicht auch noch damit an«, ruft der Kleine.

»Von mir aus«, sagt der mit den Haaren.

»Ahhh!«, schreit der Kleine. »Es macht alles keinen Sinn mehr!«

»Ergibt«, sage ich. »Nichts ergibt mehr Sinn. ›Sinn machen‹ ist ein in den deutschen Sprachgebrauch übertragenes englisches Begriffspaar – *to make sense* – und im Deutschen nicht korrekt.«

Der Kleine zerkratzt sich sein Gesicht.

»Nichts macht Sinn außer Saufen!«, sagt der Große.

»Ergibt!«, schreit der Dicke. »Ergibt!«

»Hat euch vieren schon mal jemand gesagt, dass ihr ein bisschen wie die Daltons seid?«, fragt das Känguru. »Ihr könntet …«

»Einen Moment bitte«, fährt der mit den Haaren dazwischen. »Strategiebesprechung«, und der Schlägertrupp steckt die Köpfe zusammen.

»Man sollte die verbieten«, flüstere ich.

»Ja, ja«, flüstert das Känguru. »Aber davon gehen sie ja leider auch nicht weg.«

»Wenn ich's richtig verstanden habe, wurde die NPD Anfang der Nuller ja deswegen nicht verboten, weil man NPD und Verfassungsschutz nicht auseinanderhalten konnte«, sage ich. »Warum haben sie dann nicht einfach beide als verfassungsfeindlich verboten?«

Der Trupp beendet seine Besprechung.

»Also nach einigem Hin und Her sind wir zu dem Ergebnis gekommen, dass wir euch jetzt einfach brutal zusammenschlagen«, sagt der mit den Haaren.

»Und danach gehen wir saufen?«, fragt der Große.

»Denk daran, was wir besprochen haben«, brummt der Dicke.

»Fresse halten?«, fragt der Große.

»Genau.«

»Moment noch bitte«, sagt das Känguru, spitzt seine Lippen und bläst Luft hindurch.

»Was macht es da?«, fragt der Kleine.

»Es versucht zu pfeifen«, sage ich.

»Ich versuche nicht zu pfeifen«, sagt das Känguru eingeschnappt. »Ich pfeife.«

Es bläst noch mal Luft durch die Lippen.

»So pfeift man doch nicht«, sagt der Große belustigt, steckt sich zwei Finger in den Mund und lässt einen unglaublich lauten Pfiff hören.

»Noch mal bitte«, sagt das Känguru, und ein zweiter Pfiff erschallt.

»Beeindruckend«, schmeichelt das Känguru. »Und jetzt noch drei kurze hintereinander bitte.«

Er tut wie ihm geheißen.

Sofort stürmen zwei Dutzend Jugendliche herbei, rote Boxhandschuhe über den Händen.

»Ah! Die Kavallerie!«, sagt das Känguru.

»Freunde von dir?«, frage ich.

»Freunde? Na ja. Ich weiß nicht. Das ist der Boxclub. Sie sind eher so was wie Anhänger oder Jünger«, sagt das Känguru. »Ungefähr so wie du.«

»Wo hast du die denn alle aufgegabelt?«

»Die haben *Die Känguru-Chroniken* gelesen«, flüstert das Känguru.

»Verstehe.«

»Komm mit, Piggeldy!«, sagt das Känguru und wendet sich zum Gehen.

»Du weißt schon, dass Frederick der Doofe ist?«, frage ich.

Und Piggeldy ging mit Frederick nach Hause.*

*Da kann man jetzt natürlich darüber streiten, ob das eine wirklich dauerhafte Lösung des Problems war, aber für diesen einen kleinen Moment war's großartig...

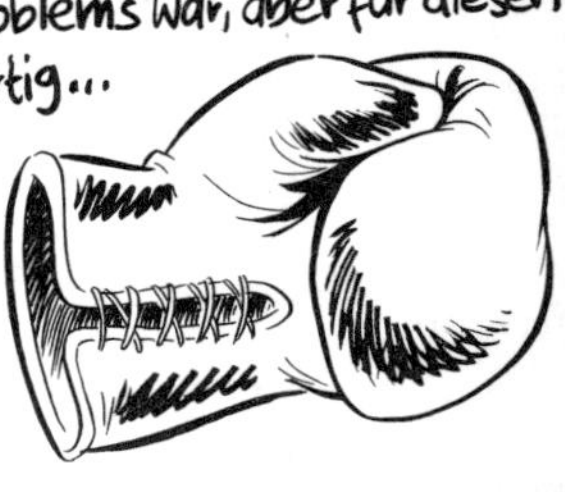

Ursprüngliche Akkumulation

»Und ich besitze die Sterne, da niemand vor mir daran gedacht hat, sie zu besitzen.«
Der Imperator

Wir stehen am Hauptbahnhof. Das Känguru muss mal. Ich muss auch. Allerdings nicht aufs Klo, sondern nur davor warten. Nach einer Minute kommt das Känguru zurück.

»Ist dir klar, dass die meisten Krisentheorien des Kapitalismus, die den baldigen Zusammenbruch vorhersagen, daran kranken, dass sie unterschätzen, wie viele einst wertfreie Bereiche des gesellschaftlichen Zusammenlebens noch der kapitalistischen Verwertungskette anheimfallen können, um solchermaßen die Krisentendenzen durch eine quasi erneute ursprüngliche Akkumulation abzuschwächen?«, fragt das Känguru.

Ich seufze.

»Brauchste Geld fürs Klo?«, frage ich.

»Ich sehe, wir verstehen uns.«

Manchmal muss es weh tun

»Traditionell? Uns gefällt's.«
Die Taliban

Jörg Dwigs und seine neue Nationalkonservative Partei für Sicherheit und Verantwortung haben zum Aufmarsch gerufen, und das Känguru hat mich trotz heftigster Kopfschmerzen meinerseits zur Gegendemo geschleift.

»Es geht auch um deine Zukunft, mein lieber Jugendlicher mit Migränehintergrund«, hat es gesagt. Jetzt stehen wir in einer gespannten Menschenmenge und warten auf Dwigs' großen Auftritt. Hinter dem Känguru hat sich, in Formation, eine Abordnung des Boxclubs aufgestellt. Neben uns stehen zwei lustige Deutsche mit türkischen Wurzeln, die Dwigs' Ausfälle gegen unproduktive Ausländer recht locker genommen und auf ihr Transparent gemalt haben: »Wir verkaufen nicht nur Obst! Auch Döner!«

Das Känguru stellt mir die beiden Typen vor. Es deutet auf den Jüngeren. »Das ist Friedrich-Wilhelm«, sagt es.

»Unsere Eltern haben es ein bisschen übertrieben mit dem Integrationswillen«, sagt Friedrich-Wilhelm.

»Mit dem Integrationswilhelm«, scherzt das Känguru. Keiner lacht.

»Nun ja«, sagt es. »Und der große Bruder hier …«

»Ich heiße Otto-Von«, sagt der große Bruder.

»Witzig«, sage ich.

»Das ist deine Sicht der Dinge«, sagt Otto-Von.

Dwigs lässt sich Zeit.

»Sag mal, was wollen die Deutschen eigentlich?«, fragt mich Friedrich-Wilhelm. »Erst haben sie sich ewig beschwert, wir würden ihnen die Arbeitsplätze klauen, und jetzt beschweren sie sich plötzlich, wir würden nicht arbeiten. Das ist doch paradox. Fast könnte man meinen, es geht ihnen gar nicht darum, was wir tun, sondern wer wir sind. Aber das wäre ja rassistisch ...«

»Wenn das deutsche Volk nur aus den tumben Idioten bestünde, die Angst vor einer Überfremdung und dem Aussterben des deutschen Volkes haben, wäre es ein Segen für die Welt, wenn ihre Ängste berechtigt wären«, grummle ich.

»Hui. Dein Kumpel hier ist ja hart drauf ...«, sagt Otto-Von zum Känguru.

»Ach. Er hat nur Kopfschmerzen«, sagt das Känguru.

»Ich habe keine Kopfschmerzen«, sage ich. »Ich hab Migräne.«

»Ist doch dasselbe.«

»Nein! Das ist nicht dasselbe«, insistiere ich. »Das verhält sich zueinander wie ein Kanarienvogel zu einem Monstertruck oder wie ein Monstertruck zu ... äh«, ich fasse mir stöhnend an den Kopf, »zu einem Sternzerstörer oder ... wie ein Sternzerstörer zu ’nem Todesstern. Oder puh ... wie ein Todesstern zu ’ner Supernova. Oder, oder wie eine Supernova zum Urknall. Oder wie der Urknall ...«

»Na, jetzt bin ich aber gespannt«, sagt das Känguru.

In diesem Moment betritt Jörg Dwigs das Rednerpult. Der Applaus seiner Anhänger wird noch übertönt von den Störgeräuschen der Gegendemonstration.

»Jetzt«, ruft das Känguru.

Die Boxclub-Formation öffnet sich. In ihrer Mitte steht ein wummernder Dieselgenerator, auf den das Känguru allerhand Dinge, die Krach machen, geschweißt hat. Unter anderem ein Nebelhorn, eine Cappuccinomaschine, einen Mixer, in den Kieselsteine gefüllt wurden, und alles überdröhnend ein uraltes Notebook mit verstopftem Lüfter, das versucht, einen Film von einer Video-CD abzuspielen.

»Bitte«, murmle ich, »nur ein klein wenig leiser … Mein armer Kopf.«

Dwigs versucht, den Lärm zu überbrüllen: »Wie mein Bruder bereits in seinem Buch ›Ich bin ja kein Rassist, aber …‹ dargelegt hat …«

Das Känguru zieht ein Megafon aus seinem Beutel und skandiert*: »Haider heißt jetzt Dwigs, sonst ändert sich nix!« Ein Ruf, der sofort vom Boxclub übernommen wird und sich nach und nach in der ganzen Menge durchsetzt.

»Statt dass ihr hier so Lärm macht: Lernt erst mal anständig Deutsch!«, ruft einer von Dwigs' Anhängern uns zu.

»Anständiges Deutsch«, verbessert ihn das Känguru durchs Megafon.

»Vielleicht hat er anständig nicht als Adjektiv, sondern als Adverb benutzt«, sage ich gequält, »also gemeint, dass du anständig lernen sollst und nicht …«

»Halt die Klappe«, sagt das Känguru.

Es holt eine Trommel aus seinem Beutel. »Mach lieber Krach.«

»Aber mein Kopf …«, sage ich.

Das Känguru zuckt mit den Schultern und drückt mir die Trommel in die Hand. Ich seufze.

*Puh, Kids … Wie soll ich euch den Witz erklären? 90er-Humor. Man muss vermutlich dabei gewesen sein, um das witzig zu finden.

Bumm!
Aua.
Bumm!
Aua.
Bumm!
Manchmal muss es weh tun.

Wer bin ich?

»Die Grenzen meiner Sprache
bedeuten die Grenzen meiner Welt.«
Lukas Podolski

Ich sitze am Computer und verbessere den Wikipedia-Artikel über Ambivalenz. Der ist mir zu eindeutig. Währenddessen textet mich das Känguru zu: »Also, ich stand da so auf der Demo und hab versucht, diesem Polizisten Empedokles' Philosophie verständlich zu machen, du weißt schon, ›Ordnung gleich Abstoßung gleich Hass‹ beziehungsweise ›Chaos gleich Anziehung gleich Liebe‹, da kam tatsächlich Dings vorbei.«

Das Känguru lehnt sich zurück und zieht eine Schachtel Schnapspralinen aus seinem Beutel.

»Du kannst doch nicht das wichtigste Wort im Satz durch ›Dings‹ ersetzen«, sage ich. »Wer kam vorbei?«

»Na, äh ... Dings«, sagt das Känguru und wirft sich eine Praline in den Mund. »Du weißt schon. Der eine.«

»Ach so! Den meinst du. Den einen.«

»Ja. Genau. Jetzt weißte, wa?«

»Nein! Ich weiß es nicht. Woher auch?«

»Na, der wo, na, wie heißt der denn, also der Typ ...«

»Der Typ«, sage ich. »Mittelgroß, mittelalt, braune Haare?«

»Ja. Genau der. Kennste, wa?«

Ich verdrehe die Augen.

»Okay«, sage ich und schenke dem Känguru meine komplette Aufmerksamkeit. »Es handelt sich um eine nicht fiktive Person.«

»Ja.«

»Einen Mann?«

»Ja.«

»Prominent?«

»Nein.«

»Aber uns beiden persönlich bekannt?«

»Ja.«

»Und wir kennen den Mann schon lange?«

»Ewig.«

»Schlank?«

»Nein.«

»Dick?«

»Na, nicht direkt dick. Sagen wir: stämmig.«

»Mit kurzen Haaren?«

»Vokuhila.«

»Brille?«

»Nein.«

»Bart?«

»Nein.«

Ich zucke mit den Schultern.

»Ich komm nicht drauf.«

»Ach, ist ja auch nicht so wichtig«, sagt das Känguru.

Ich atme hörbar ein und aus. Das Känguru zuckt zweimal mit seiner Schnauze. Ich blicke aus dem Fenster. Das Känguru klopft mit seinem Schwanz auf den Boden und starrt dabei ins Nichts. Ich kratze mich am Bart. Das Känguru legt seinen Kopf in den Nacken und bewegt ihn knackend hin und her.

»Ich habe das Gefühl, unser Gespräch steckt in einer Sackgasse«, sage ich.

»Jo«, sagt das Känguru. »Aber es muss ja auch nicht jedes Gespräch eine Pointe haben.«

Hä? Checke ich nicht. Warum hat es diese Episode in den Kanon geschafft? Seiten übrig?

Die Wette

»Vorwärts immer, rückwärts nimmer.«
Super Mario

»Soll ich fahren?«, fragt das Känguru, bevor wir ins Auto steigen.

»Nein«, sage ich. »Ich fahre.«

Ich lege den Gang ein, setze zurück und BOMM.

»Was war das?«, fragt das Känguru und dreht sich um. »Aha. Eine Eiche. Die stand da bestimmt gerade noch nicht.«

»Sei still«, sage ich.

»Ganz heimtückische Gewächse, diese Eichen«, sagt das Känguru. »Die schleichen sich immer von hinten an einen ran.«

»Sei still.«

»Ich nenne die ja drum auch gar nicht Eichen, sondern Schleichen.«

Ich grummle und würge den Motor ab.

»Soll ich fahren?«, fragt das Känguru.

»Was hab ich gesagt? Still sein.«

Ich lasse den Motor an, lege den ersten Gang ein, gebe Gas, bremse abrupt und setze wieder zurück, BOMM.

»Soll ich …?«, beginnt das Känguru.

»Ich kann selber fahren.«

»Nee. Ich meinte, ob ich den Baum fällen soll«, sagt das Känguru. »Es wäre allerdings ein bisschen schade, weil das hier weit und breit der einzige Baum ist.«

»Hier ist die Tür!«, sage ich. »Du kannst gerne laufen.«

Dann setze ich noch mal vor und zurück, und wir sind auf der Straße. Das Känguru kichert.

»Du kannst gleich aussteigen!«, sage ich.

»Nee! Ich habe mir doch nur gerade selber 'nen Witz erzählt.«

»Ja, ja.«

»Die Pointe war, wie ein Kleinkünstler gegen eine Eiche gefahren ist.«

»Ach, sei still.«

»Zweimal ...«

Ratatatatatatata.

»Obwohl es der einzige Baum weit und breit war«, sagt das Känguru.

Ratatatatatatata.

»Was ist das für ein komisches Geräusch?«, frage ich.

Ratatatatatatata.

»Ein Güterzug?«

Ratatatatatatata.

»Hier sind doch gar keine Gleise ...«

Ratatatatatatata.

»Ich glaube, es ist das Auto«, sagt das Känguru.

Ratatatatatatata.

»Meinste?«

Ratatatatatatata.

»Jo.«

Ratatatatatatata.

»Mhm. Könnte sein.«

RATATATA.

»Die Anzeichen verdichten sich«, sagt das Känguru. »Meine Seite liegt zum Beispiel etwas tiefer als deine.«

RATATATA.

»Ich glaube, wir haben ’nen Platten«, sage ich.

RATATATA.

»Brems doch mal.«

RATATA. Quietsch.

Wir begutachten den Schaden.

»Kein Problem. Kein Problem«, sage ich. »Ich wechsle einfach das Rad aus. Das kann ich. Das geht ruckzuck.«

»Das glaube ich nich«, sagt das Känguru.

»Doch, doch«, sage ich. »Wollen wir wetten?«

»Okay.«

»Um was?«

»Ähm …«, sagt das Känguru, »der Verlierer muss fünf Kilogramm warmen Quark hintereinanderweg in sich reinlöffeln.«

»Was?«, frage ich verwundert. »Bäh. Nun ja. Von mir aus.«

»Na dann!«, ruft das Känguru, und wir schlagen ein.

Ich laufe zum Kofferraum und öffne das Ersatzradfach.

»Wir haben kein Ersatzrad?«, frage ich.

»Jo«, sagt das Känguru. »Das ist mir letztens nach dem Einkaufen aufgefallen. Deswegen habe ich gesagt, glaub ich nicht, als du gesagt hast, du würdest das Rad ruckzuck wechseln.«

»Aha. Verstehe«, sage ich. »Stattdessen steht ein Fünf-Kilogramm-Becher Quark hier im Ersatzradfach.«

»Den hatte ich nach dem Einkaufen hier reingepackt und dann vergessen auszuladen.«

»Aha«, sage ich.

»Guten Appetit.«

Also sprach das Känguru

»Es macht dideldi, es macht duedelduehue,
es macht ring-ring-ring, haha.
Ich bin der Telefonmann!«
Alexander Graham Bell

Als das Känguru dreißig Stunden geschlafen hatte, verließ es seine Heimat und den Kühlschrank seiner Heimat und ging in die Kneipe. Hier genoss es seines Geistes und seiner Einsamkeit und wurde dessen zehn Stunden nicht müde. Endlich aber verwandelte sich sein Herz, und des Morgens kam es mit der Morgenröte zurück, trat vor seinen Mitbewohner und sprach zu ihm also: »FindstnichaudieWeltviezunübersichtlistunallvieznellgeht?«

»Was?«, frage ich. »Noch mal langsam bitte.«

»Findest du nicht auch, dass die Welt viel zu unübersichtlich ist und alles viel zu schnell geht?«, fragt das Känguru.

»Mhm«, sage ich.

»Deshalb habe ich beschlossen, ab sofort alles in nur noch zwei übersichtliche Kategorien einzuteilen.«

»Meins und Deins?«

»Quatsch! Das sind doch bürgerliche Kategorien.«

»Ja, ja.«

»Ich habe ein Wertesystem jenseits von Meins und Deins entwickelt«, ruft das Känguru mit Pathos. »Durch lange Studien habe ich herausgefunden, dass die einzig relevante Einteilung der Postmoderne lautet: Witzig oder nicht witzig?«

Es macht eine bedeutsame Pause.

»Witzig oder nicht witzig«, wiederholt es. »Das ist hier die Frage!«

»Laut und leise wären auch gute Kategorien«, murmle ich.

»Und damit ich nicht immer wieder alles aufs Neue einteilen muss, habe ich mir zwei praktische Stempel anfertigen lassen.«

Es fischt ein Stempelkissen aus seinem Beutel und kramt nach den Stempeln.

Unser Telefon klingelt. Ich schlage mit der linken Hand auf den Sprechmuschelteil des Telefonhörers, woraufhin dieser von der Gabel in die Luft schnellt und am höchsten Punkt von meiner rechten Hand verfehlt wird. Er fällt zurück auf den Tisch und zertrümmert meine Kaffeetasse, deren heißer Inhalt sich über meine Hose ergießt, weswegen ich plötzlich aufspringe und gegen die Deckenlampe stoße. Daraufhin setze ich mich wieder, nehme den Telefonhörer in die Hand und sage: »Am Apparat!«

Das Känguru drückt mit seiner rechten Pfote einen Stempel erst ins Stempelkissen und dann auf meine Stirn.

»Witzig«, ruft es. Dann zieht es mit der anderen Pfote ein Handy aus seinem Beutel, und ich höre im Telefonhörer das Känguru kichern. Es steht von der Couch auf und hüpft Richtung Küche.

»Weißt du, dass 63 Prozent aller Handytelefonate in Sichtweite geführt werden?«, fragt es übers Telefon.

»Echt?«, frage ich. »Stimmt das?«

»Irrelevant, mein Freund«, sagt das Känguru. »Wahr

oder falsch ist so was von 20. Jahrhundert. Diese Information war witzig. Das allein rechtfertigt sie. Soll ich dir was aus der Küche mitbringen?«

Ich blicke auf die Schweinerei vor mir.

»Einen neuen Kaffee«, sage ich.

»Witzig!«, ruft das Känguru.

»Ahahamuhmuhmuh«, mache ich. »Weißt du, was ich witzig finde? Dieser Spaß hier kostet dich mit deinem Prepaid-Handy 29 Cent pro Minute.«

»Nee. Ich telefonier von deinem Handy.«

»Hm«, sage ich.

»Ich dachte, jetzt legste auf«, sagt das Känguru.

»Nee«, sage ich. »Flatrate.«

»Warte mal kurz«, sagt das Känguru, »da klopft ein anderer Anrufer an.«

»Ja, hallo?«, fragt es.

»Dein Handy liegt hier bei mir im Wohnzimmer«, sage ich über des Kängurus Handy.

»Ich habe die Karte von deinem Geld gekauft«, sagt das Känguru.

»Ich kann nicht gewinnen«, sage ich.

»Nein …«, sagt das Känguru belustigt.

Wackeldackel und Winkekatze

»Liebe deinen Nächsten wie dich selbst.«
Kurt Cobain

»Wie viele Vietcong-Veteranen braucht man, um eine Glühbirne einzudrehen?«, fragt das Känguru.

»Tja, weiß nich«, sage ich. »Zwei vielleicht?«

»Du hast doch keine Ahnung!«, brüllt das Känguru aus voller Kehle. »Du warst nicht dabei!«

Dann kichert es.

»Okay«, sage ich. »Wenn ich erst mal meinen Schock überwunden habe, werde ich das sicherlich lustig finden können.«

Auch alle anderen Leute in der U-Bahn wirken etwas irritiert.

»Könntest du dich nicht zumindest in der Öffentlichkeit etwas zügeln?«, frage ich.

»Das war jetzt aber gar nicht politisch korrekt«, sagt das Känguru.

»Was?«

»Bin ich ein Pferd?«

»Hä?«

»Zügeln?«

»Äh …«

»Und selbst wenn ich ein Pferd wäre«, sagt das Känguru, »dürftest du als weißer, heterosexueller Mann aus dem Westen dir eh nicht anmaßen …«

»Es tut mir leid, dass ich dich so angebrüllt habe, Marc-Uwe«, sage ich. »Du hast dich sicherlich erschreckt.«

»Ja, Känguru«, sage ich, »ich habe mich sehr erschreckt,

und es war mir auch etwas peinlich vor den anderen Fahrgästen, aber ich nehme im Geiste unserer Freundschaft deine Entschuldigung gerne an.«

Das Känguru blickt mich irritiert an.

»Was soll das?«, fragt es.

»Nun«, sage ich. »Ich habe festgestellt, dass ganz viele Leute anscheinend unfähig oder unwillig sind, die Gespräche zu führen, die ich gerne führen würde. Darum führe ich diese Gespräche jetzt alleine.«

»Tss«, macht das Känguru nur. Auch das offensichtlich schon länger verheiratete Paar uns gegenüber scheint skeptisch.

»Das ist wirklich eine sehr gute Idee, Marc-Uwe«, sage ich. »Damit führst du deinen Gesprächspartnern exemplarisch vor, wie ein besseres Gespräch hätte laufen können. Vielleicht lassen sie sich sogar davon inspirieren.«

»Ganz genau«, sage ich. »Das könnte ein neuer Trend werden.«

»Weißt du, Känguru«, sagt das Känguru. »Letztens war ich beim Kopfdoktor, und der hat was herausgefunden. Ich habe nämlich in meinem Kopf statt Groß- und Kleinhirn nur einen Wackeldackel und eine Winkekatze.«

»Das überrascht mich nicht, Marc-Uwe«, sagt das Känguru. »Anders kann man sich dein Verhalten beim besten Willen nicht erklären.«

»Weißt du, Marc-Uwe«, sage ich. »Voll nett von dir, dass ich nun schon seit Jahren für umme bei dir wohnen und essen darf. Das ist ja gar nicht selbstverständlich. Das könntest du dir ja auch jederzeit anders überlegen.«

»Ach, Känguru«, sagt das Känguru. »An manchen Tagen, da tauschen der Dackel und die Katze aus mir unbekannten Gründen ihre Special Moves. Dann wackelt die Katze mit dem Kopf, und der Dackel winkt.«

»Das sind die Tage, an denen du besonders wuschig im Kopf bist«, sagt das Känguru. »Stimmt's?«

»Stimmt genau«, sagt das Känguru. »Wieder mal hast du den Nagel auf den Kopf getroffen, Känguru. Du bist einfach superschlau!«

»Weißt du, was superschlau wäre?«, frage ich. »Wenn du mal …«

Plötzlich springt das Känguru auf und ruft: »Dietmar heißt er! Dietmar Kötke.«

»Wer?«, frage ich. Wieder starren uns alle in der U-Bahn an.

»Na, der Typ, den ich letztens bei der Demo getroffen hab! Von dem ich dir erzählt habe. Das war der Dietmar!«

»Kenn ich nicht.«

»Der wohnt in der Oranienstraße. Beim Kreisverkehr. Dietmar Kötke.«

»Kenn ich nicht.«

»Aber den kennt doch jeder.«

»Ich kenn den nicht.«

»Hm. Du kennst den gar nicht …«

»Nee«, sage ich.

»Ick kenn den«, sagt der Mann, der uns gegenübersitzt.

»Na klar«, sagt seine Frau. »Du kennst ja wieder jeden.«

»Aber den Didi kennst du doch och«, sagt der Mann.

»Klar kenn ich den Didi«, sagt die Frau. »Aber den Didi kennt ja auch wirklich jeder.«

»Ich nicht«, sage ich pampig.

»Jetzt fang nich och noch grundlos Streit mit mir an«,

sagt der Mann zu seiner Frau, »nachdem de mir schon anjelogen hast.«

»Wann hab ich dich angelogen?«, fragt die Frau.

»Ins Museum hat se mir jelockt«, sagt der Mann zu mir. »Unter falschen Voraussetzungen.«

»Aha«, sage ich.

»Die Brüste der Nofretete hat se mir versprochen«, sagt der Mann. »Aber war jar nix mit Brüste. War nur een Kopp ohne Oogen. Hat mir jelackmeiert.«

»Ach du«, sagt die Frau. »Du kannst mir ma anne Pupe schmatzen.«

»Aber jerne doch«, sagt der Mann. »Wenn dit nich schon der Didi machen würde.«

»Ach, Erika«, sagt die Frau, »ich will dich eigentlich nicht schon wieder mit meinem Minderwertigkeitskomplex nerven, nicht dass du noch auf die Idee kommst, meiner grundlosen Eifersucht einen Grund zu geben.«

»Sehr weise von dir, Herbert«, sagt die Frau. »Sehr weise.«

»Ach, Herbert«, sagt der Mann. »Ick liebe dir, und morjen darfste drum den janzen Tach an deine Modelleisenbahn schrauben.«

»Dit is aba lieb von dir, Erika«, sagt Herbert. »Du weeßt ja, ick hab's nich so mit die Kultur.«

»Trotzdem weiß ich es sehr zu schätzen, Erika«, sagt Erika, »dass du immer wieder versuchst, mich ein wenig zu bilden, du Liebe meines Lebens.«

Das Känguru verdreht die Augen.

»Ein neuer Trend!«, sage ich erfreut.

Das Känguru-Manifest

»Die Proletarier haben nichts zu verlieren
als ihre Ketten.«
Anton Schlecker

»... ein Sprecher des Ministeriums für Produktivität wies die Kritik zurück, man wolle nur am rechten Rand Stimmen fischen, und verteidigte gestern die geplante Einteilung aller Ausländer in produktiv oder unproduktiv als alternativlos. Wer auf Dauer in Deutschland leben wolle, müsse sich integrieren und, so wörtlich, ›Integrieren heißt produzieren‹. Laut einer Umfrage des German Institute For Manufacturing Consent (GIFMC) unter repräsentativ ausgewählten Mitarbeitern des German Institute For Manufacturing Consent (GIFMC) unterstützt eine klare Mehrheit von 51 Prozent der Deutschen ...«

Das Känguru schaltet das Radio aus und setzt sich wieder an den Küchentisch. Ich stehe vor dem Wasserkocher.

»Seit du mir erzählt hast, dass jede Suchanfrage über Google genauso viel Energie verbraucht wie das Kochen einer Tasse Wasser, überlege ich mir jedes Mal, wenn ich mir einen Tee machen will, ob ich nicht lieber was googeln soll«, sage ich.

»Mhm«, sagt das Känguru, ohne von seinem Papierhaufen aufzublicken. »Googel doch mal: ›Mäßig interessantes Gesprächsthema. de‹.«

»Apropos Tee«, sage ich. »Es ist keiner mehr da. Wolltest du nicht einkaufen gehen?«

»Nee«, sagt das Känguru. »Da bist du falsch informiert.«

»Soso.«

»Ja, ja.«

»Hm, hm.«

»Ich habe zu tun«, sagt das Känguru.

»Was schreibst du denn da schon wieder?«, frage ich.

»Ich arbeite an meinem unveröffentlichten Hauptwerk …«, beginnt das Känguru.

»Optimismus und Reproduktion?«, frage ich.

»Opportunismus und Repression!«, echauffiert sich das Känguru.

»Genau. Hab ich doch gesagt. Okkultismus und Religion.«

»Ja, ja«, sagt das Känguru. »Jedenfalls arbeite ich dieses Werk zu einem Manifest um. Ich will nämlich eine neue Organisation ins Leben rufen.«

»Aha.«

»Ich möchte nämlich den Boxclub weiterentwickeln«, sagt das Känguru.

»Wie kommt's?«, frage ich.

»Ich muss immer für alle mitdenken«, sagt das Känguru. »Das ist mir zu anstrengend.«

»Vielleicht liegt's am Konzept«, sage ich.

»Hab ich auch schon gedacht«, sagt das Känguru. »Jedenfalls will ich jetzt eine neue Organisation ins Leben rufen, in der sich jeder selbst seine Gedanken machen soll.«

»Den Känguru-Geheimbund?«, frage ich.

»Ich bin doch keine vier Jahre alt«, sagt das Känguru. »Was für 'ne beknackte Idee …«

»Aber die Abkürzung wäre witzig«, sage ich.

»Welche Abkürzung?«, fragt das Känguru.

»Na KGB«, sage ich.

»Ich verstehe nicht«, sagt das Känguru. »Warum ist das witzig?«

»Na, wegen dem KGB!«, rufe ich.

»Hm«, sagt das Känguru. »Wenn du meinst …«

Ich schüttle den Kopf.

»Jedenfalls«, sagt das Känguru, »werde ich eine neue Gruppe gründen. Ich nenne sie *Das Asoziale Netzwerk.*«

»Witzig«, sage ich.

»Wieso?«, fragt das Känguru.

»Wer verarscht hier eigentlich wen?«, frage ich.

»Sag du es mir«, sagt das Känguru.

»Du mich«, sage ich.

»Korrekt«, sagt das Känguru. »Und der Name ist nicht nur witzig, er ergibt sogar Sinn«, sagt das Känguru. »Weil nämlich das System asozial ist, ist alles, was sozial genannt wird, eigentlich asozial – soziale Marktwirtschaft etc. –, und darum muss etwas wahrhaft Soziales asozial genannt werden, folglich ist ein soziales Netzwerk ein asoziales.«

»Ich finde deine Terminologie verwirrend«, sage ich.

»Sie ist streng marxistisch«, sagt das Känguru. »Und zwar in dem Sinne eines Briefes, den Marx an Engels geschrieben hat. Moment …«, das Känguru zieht ein dickes blaues Buch mit vielen Lesezeichen aus seinem Beutel und blättert suchend darin herum.

»Genau. Hier schreibt Marx: ›Es ist möglich, dass ich mich blamiere, indes ist dann immer mit einiger Dialektik zu helfen. Ich habe natürlich meine Ausführungen so gehalten, dass ich im umgekehrten Fall auch recht habe.*‹«

*K. Marx, Brief an Engels vom 15.8.1857 in: MEW 29. Berlin: Dietz, 1973. S. 161.

»Es gibt kein soziales Netzwerk im Asozialen«, sage ich.

»So. Oder so ähnlich«, sagt das Känguru. »Ich lese dir mal den neuen Anfang vor:

›*Das Asoziale Netzwerk* ist eine Anti-Terror-Organisation. Gegen den Terror der Schulen und Fabriken, der Medien und der Regierung, der Leitkultur und des Lobbyismus, der Religion und der Wirtschaft.‹«

»Gegen den Terror des real existierenden Asozialismus«, sage ich.

»Das ist gut«, sagt das Känguru und macht sich eine Notiz. »Biste dabei?«

»Klaro«, sage ich. »Aber was machen wir dann als Anti-Terror-Organisation? Anti-Terror-Anschläge?«

»Gefällt mir …«, sagt das Känguru. »Aber erst mal muss ich das Manifest fertig schreiben.«

»Brauchste Hilfe?«, frage ich.

»Nee. Es ist eigentlich recht einfach«, sagt das Känguru und deutet auf das vor ihm liegende Penguin-Buch *Flexibility & Security*. »Ich muss nur Kapitel für Kapitel das Gegenteil von dem schreiben, was in diesem BWL-Lehrbuch gedruckt steht.«

Der Hauptmann vom Wannsee

»Geht ins Ohr. Bleibt im Kopf.«
Heckler & Koch

Der Lautsprecher knackt.

Krk. »*Sehr geehrte Fahrgäste. Aufgrund von tralala hält der Zug für Gleis 12 heute abweichend auf Gleis 1. Der für Gleis 1 hält auf Gleis 23, und der für Gleis 2 hält auf Gleis 12. Auf allen anderen Gleisen halten die Züge in umgekehrter Wagenreihung.*« Krk.

Sofort wuseln alle Menschen im Bahnhof durcheinander. Einige Momente später knackt der Lautsprecher wieder.

Krk. »*War nur ein Scherz …*« Krk.

»Na, der hat ja einen Humor …«, sagt das Känguru.

Krk. »*Im Ernst: Aufgrund eines Personenschadens am Bahnhof blablablub feiern wir heute den Alles-spielt-verrückt-Tag! Steigen Sie einfach in irgendeinen Zug, und lassen Sie sich davon überraschen, wo Sie landen.*« Krk.

»Hat sich wieder mal einer vor den Zug geworfen«, seufze ich. Ein Wehrdienstleistender in Uniform hechtet auf den Bahnsteig. Als er keinen Zug sieht, sondern nur Gewusel, fragt er: »Was ist denn hier los? Terror? Terroranschlag?«

»Was ist denn das für eine Art?«, fährt ihn das Känguru an. »Nehmen Sie Haltung an, wenn ein Offizier anwesend ist!«, und es deutet auf mich.

Er zuckt zusammen und stellt sich auf.

»Jawoll!«

»Jawoll, Herr Hauptmann!«, sage ich.

*Für alle, die es schon vergessen haben: Wehrpflicht hieß, dass sich der Staat jedes Jahr alle jungen Männer schnappte und sagte: "Ihr müsst jetzt ein Jahr lang lernen, wie man oh[ne] zu zögern, zu zweifeln oder Rückfragen zu stellen Leute erschießt." Echt krank, wenn man mal drüber nachdenkt.

»Jawoll, Herr Hauptmann!«

»Und nun …«, Krapotke lese ich auf seiner Uniform, »Krapotke … Was ist Ihr Anliegen?«

»Terroranschlag, Herr Hauptmann?«

»Bilden Sie ganze Sätze, Mann!«, brüllt das Känguru. »Terroranschlag … Wie wär's mit einem Verb!« Krapotke zögert.

»Hat's hier einen Terroranschlag, Herr Hauptmann?«, fragt er schließlich.

»Hat's?«, frage ich grimmig. »Ja. Hat's. Das war ein sogenannter Selbstmordattentäter, Krapotke. Ein Attentäter auf meine Nerven!«, und ich schüttle den Kopf. »Immer diese Depressiven, Krapotke! Könnten doch vom Reichstag runterspringen und dabei schreien: ›Es ist ein Schweinesystem!‹ Aber nein …«

»Es muss ja ein Zug sein«, sagt Krapotke.

»Falsch, Krapotke«, sage ich. »Nicht ein Zug. Mein Zug!«

»Und was machen wir jetzt, Herr Hauptmann?«

»Na, Sie machen erst mal ein paar Liegestütze, Krapotke!«

»Wie viele, Herr Hauptmann?«

»Na, bis ich sage, es reicht, Krapotke!«

»Jawoll!«, ruft Krapotke und geht auf den Boden. »… Herr Hauptmann!«

»Eins, zwei, drei, vier …«, zählt das Känguru und marschiert die sehr kurze Reihe seiner Rekruten auf und ab.

»Wo wollen Se überhaupt hin, Krapotke?«, frage ich.

»Konferenz, Herr Hauptmann«, presst Krapotke hervor.

»Bilden Sie ganze Sätze, Mann!«, brüllt das Känguru.

»Was für eine Konferenz, Krapotke?«, frage ich.

»In Wannsee, Herr Hauptmann. Zur Zukunft der Armee, Herr Hauptmann.«

»Ein wenig unsensibel, eine Militärkonferenz ausgerechnet in Wannsee abzuhalten«, sage ich. »Finden Sie nicht auch, Krapotke?«

»Wegen den Touristen?«, fragt Krapotke.

»Geradezu geschichtsvergessen«, sagt das Känguru.

»Doch wären wir nicht so geschichtsvergessen«, sage ich, »wer von uns würde dann noch eine Uniform tragen, was, Krapotke?«

»Ich dachte, Herr Hauptmann fahren auch zur Konferenz, Herr Hauptmann!«, sagt Krapotke und macht eine Pause.

»Sie, Krapotke, sollen nicht denken, Krapotke, sondern Liegestütze machen, Krapotke«, sage ich. »Was haben Sie, Krapotke, auf der Konferenz überhaupt zu suchen, Krapotke?«

»Schnittchen, Herr Hauptmann.«

»Schnittchen, Krapotke?«, rufe ich und muss fast lachen.

»Schnittchen, Herr Hauptmann!«

»Bilden Sie ganze Sätze, Mann!«, brüllt das Känguru.

Da rollt ein Zug aufs Gleis, der vielleicht nach Wannsee fährt. Wir steigen ein, während Krapotke noch Liegestütze macht.

»Hast du eigentlich 'nen Picknickbeutel gepackt?«, frage ich das Känguru.

»Planänderung«, sagt es und zieht eine Uniform aus seinem Beutel. »Zeit für einen Anti-Terror-Anschlag, Herr Hauptmann.«

Eine Stunde später stehen wir in einer mit Generälen, Politikern, Journalisten und Vertretern der Rüstungsindustrie gefüllten Kongresshalle.

»Liebe Konferenzteilnehmer, liebe Kameraden«, sagt der Uniformierte auf dem Podium. »Bevor wir zum Ende unseres Seminars ›Nach dem Krieg ist vor dem Krieg‹ kommen, hören wir noch einen Redner, der sich in letzter Minute angemeldet hat. Bitte begrüßen Sie vom Verein ›Krieg! Warum nicht?‹ Hauptmann Zuckmayer.«

»Das bist du …«, flüstert das Känguru und schubst mich auf die Bühne. In Camouflage mischt es sich unters Publikum in die vorderste Reihe. Meine Uniform sitzt, als hätte ich sie schon zur Konfirmation getragen.

»Genos… äh … Kameraden!«, sage ich. »Sehr geehrte Herren von der Presse, liebe Zivilisten. Stehen Sie bequem!«

Grüßend hebe ich meine Hand.

»Sparen, sparen, sparen«, souffliert mir das Känguru aus unserer im Zug verfassten Rede.

»Sparen, sparen, sparen!«, rufe ich. »Sie wissen sicherlich, dass wir mit dem Gedanken spielen, die Bundeswehr zu privatisieren. Und das wird verdammt noch mal Zeit! Denn man muss sich vor Augen führen, dass jeder tote Taliban den deutschen Steuerzahler im Schnitt 214 662,50 Euro kostet!«

»Das muss doch einfach billiger gehen!«, ruft das Känguru und erntet einige »Hört, hört!«-Rufe.

»Wir wären deutlich billiger weggekommen, hätten wir jeden Taliban einzeln bei einem Profikiller in Auftrag gegeben«, sage ich. »Bei einem aus Hollywoodthrillern bekannten Satz von zehntausend Euro und einer geschätzten Zahl von 25 000 Taliban-Kämpfern hätte uns der Einsatz so nur 250 Millionen statt 36 Milliarden Euro gekostet. Einsparmöglichkeiten in einem mittleren zweistelligen Milliardenbereich. Manch einer wird sagen: ›Peanuts!‹ Aber für manch anderen hier ist das fast ein Jahresgehalt. Wir alle wissen, wer dieses Einsparwunder zuwege bringen könnte!«

»Der freie Markt!«, ruft das Känguru.

»Richtig!«, sage ich. »Eine Privatisierung bietet viele neue Chancen für die Bundeswehr. Denken Sie zum Beispiel an den aktuellen Namen der Österreichischen Fußballliga *›tipp3-Bundesliga powered by T-Mobile‹*. Da habe ich doch gleich eine wunderbare Schlagzeile vor Augen wie: ›Die ThyssenKrupp-Bundeswehr powered by Heckler & Koch verteidigt unsere Freiheit am Hindukusch‹.«

Ich räuspere mich.

»Auch durch das Versteigern von Sendelizenzen an TV-Kanäle könnten wir viel Geld einnehmen«, fahre ich fort.

»Neue Formate drängen sich geradezu auf. Stellen Sie sich vor: In einem großen Panzer sind überall Kameras montiert, und das Publikum zu Hause darf jede Woche einen aus der Besatzung rauswählen.«

»Dürften sich die Zuschauer auch per SMS-Abstimmung an der Auswahl der Beschussziele beteiligen?«, ruft das Känguru.

»Alles ist denkbar«, sage ich. »Es darf keine Tabus geben. So könnte auch der größte Reality-Show-Erfolg der USA, *Survivor,* mit leicht verändertem Konzept endlich seinem Namen gerecht werden. Man steckt eine Gruppe

Journalisten in ein Krisengebiet, und der letzte Überlebende bekommt fünf Minuten Sendezeit auf Comedy Central. Im Übrigen muss es ja nicht immer olivgrün sein. Auf unseren Uniformen sehe ich noch viel ungenutzten Platz für Werbebanner, Slogans und Embleme. In den Häuserkämpfen der modernen Großstadtkriege sind die Soldaten damit sogar viel besser getarnt!

Als ersten Schritt in Richtung Privatisierung kann ich mir einfaches Sponsoring vorstellen, nach dem Muster ›Die nächste Granate wird Ihnen präsentiert von Kentucky Fried Chicken‹, ›Die Flügel dieses Eurofighters wurden verliehen von Red Bull!‹ oder ›Mehr Druck als die nächste Bombe machen nur die neuen 20000-Watt-Boxen von Bang & Olufsen‹.

Dabei werden Kriege nicht nur effizienter und billiger geführt werden können, sie werden auch ziviler, denn einem breit aufgestellten Konzern ist naturgemäß daran gelegen, menschliche Opfer zu vermeiden, oder wie sagte schon der alte Krupp zu Hitler: ›Sachte, sachte! Einem toten Mann kann man nichts verkaufen!‹ Jawohl, Kameraden! Ein Verwundeter hingegen braucht Krankenhäuser, Schmerzmittel, Medizin, Prothesen.«

»Made in Germany!«, ruft das Känguru und reimt: »Exportweltmeister bleiben wir dank Minen, Pharma und Beck's Bier!«

»Richtig!«, sage ich. »Und in Friedenszeiten könnte man die Armee vermieten. Was soll die denn unnütz in den Kasernen versauern. Wollen wir doch mal sehen, ob sich noch jemand vor 'nem Bahnhof an 'nen Baum kettet, wenn sich die Deutsche Bahn ein Panzerbataillon gemietet hat.«

Das Känguru gibt mir ein Zeichen, zum Ende zu kommen. Ich sehe, wie der Moderator der Veranstaltung in einer Ecke mit den Sicherheitsleuten tuschelt.

»Darum keine Angst vor einer Privatisierung!«, rufe ich. »Oder wie sagte schon der Dalai Lama: Krieg ist nur die Fortsetzung der Ökonomie unter Einbeziehung anderer Mittel. Oder so ähnlich. Und ich persönlich werde nicht ruhen, bis für alle selbstverständlich ist, dass ein toter Taliban für unter 10 000 Euro machbar ist.«

Spontan brandet Applaus auf. Die Leute fangen an, hektisch miteinander zu reden. Der Moderator nutzt die Gelegenheit und nimmt mir das Mikrofon weg.

»Dies war ein Anti-Terror-Anschlag des *Asozialen Netzwerkes*«, rufe ich noch, was aber schon im allgemeinen Geraune untergeht.

Als wir später am Hauptbahnhof aussteigen, treffen wir Krapotke wieder.

»Es reicht, Krapotke«, sage ich. »Es reicht.«

Verbesserung des Betriebsklimas

»Ich erkannte, dass ich Teil von etwas geworden war,
das viel mehr Schaden anrichtete als Nutzen stiftete.«

Bill Gates

»Ich bin total willig«, sagt das Känguru. »Ich möchte unbedingt 'nen Job.«

»Warum?«, fragt die Frau vom Jobcenter.

»Es hat Angst, zu den unnützen Ausländern gesperrt zu werden«, sage ich.

»Nee«, sagt das Känguru. »Ich hab kein Geld.«

»Das hat dich doch bisher auch nicht gestört …«, sage ich.

»Ja, aber jetzt stört es mich.«

»Haben Sie denn schon mal eine feste Arbeitsstelle gehabt?«, fragt die Frau gelangweilt.

»Eine?«, fragt das Känguru. »Tausende! Ich stand schon in einer riesigen Erdbeere und habe Erdbeeren gegessen. Ich bin als Grillwalker mit einer Gasflasche auf dem Rücken und einem Grill vor dem Bauch über den Alexanderplatz gestiefelt und habe Würstchen gegessen. Ich habe in einem schönen Sommer viele Konzerte in der Wuhlheide angekuckt, mit einem Fass auf dem Rücken, an dem ein Schlauch dran war, und daraus habe ich Bier getrunken. Gute Jobs eigentlich. Ich habe es aber leider nie über die Probezeit geschafft.«

»Ich wünschte, ich wäre tot«, sagt die Frau.

»Wie bitte?«, fragt das Känguru.

»Erzählen Sie ruhig weiter«, sagt die Frau. »Haben Sie irgendwelche Wunschvorstellungen?«

»Äh … also … ich könnte mir gut vorstellen, mich hinter eine Theke zu stellen und Schnaps zu trinken«, sagt das Känguru.

»Referenzen?«

»Ja. Von meinem letzten Arbeitgeber habe ich ein Arbeitszeugnis bekommen, auf das ich wirklich stolz bin.«

»So?«, fragt die Frau und seufzt. »Zeigen Sie mal.« Das Känguru kramt in seinem Beutel.

Auf dem Schreibtisch klingelt das Telefon. Die Frau nimmt ab.

»Ja?«, fragt sie.

»Aha. – – Ja. – – Ja. – – Aha. – – Ja«, sagt sie und beginnt sich dabei den Hörer gegen die Stirn zu schlagen.

»Aha. – – Ja. – – Ja.«

Das Känguru blickt mich besorgt an. Ich zucke ratlos mit den Schultern.

»Ja. Wird gemacht«, sagt die Frau und legt auf. Einige Sekunden blickt sie ins Leere.

»Äh … hier ist das Zeugnis …«, sagt das Känguru und reicht ihr ein Papier.

»Danke«, sagt die Frau.

»Aber Obacht«, sagt das Känguru, »das liest sich positiver, als es gemeint ist. Die benutzen da immer so ’nen Kapitalistengeheimcode.«

Die Frau liest laut vor:

»Das Känguru war bei seiner Arbeit immer unkreativ, unpünktlich, unflexibel, desinteressiert, nicht belastbar, kaum teamfähig, schwer zu begeistern und unkreativ. Vorgesetzten gegenüber war es unfähig, sich unterzuordnen, vulgär, obszön und gelegentlich handgreiflich. Vom

Tacker bis zum Flachbildschirm waren alle ihm zugeteilten Arbeitsgeräte innerhalb von Stunden nicht mehr auffindbar. Schon am zweiten Arbeitstag versuchte es mit einigem Erfolg, einen Generalstreik zu organisieren. Die Firma sah sich gezwungen, nach neun Tagen eine fristlose Kündigung auszusprechen, zu diesem Zeitpunkt war das Känguru allerdings schon mehrere Tage nicht mehr an seinem Arbeitsplatz erschienen. Die Zustellung der Kündigung erwies sich aus diesem Grund und auch wegen der falsch angegebenen Adresse als schwierig. Auf die Einstellung der Gehaltszahlungen reagierte das Känguru mit einer Klage vor dem Arbeitsgericht. Mehrfach bezeichnete es in dem darauf folgenden Prozess seine Vorgesetzten und die Gerichtsdiener als verdammte Faschisten. Auch fragte es den Richter, ob er nicht mitbekommen habe, dass sich einige Gesetze seit den 40er Jahren geändert hätten. Nach verlorenem Prozess drohte es damit, dreckige Firmengeheimnisse zu veröffentlichen. Obwohl der Firmenleitung unklar war, von welchen dreckigen Geheimnissen das Känguru sprach, wurde es sicherheitshalber wieder eingestellt und ist seitdem nie wieder am Arbeitsplatz erschienen. Teile der Belegschaft sind bis zum heutigen Tag immer noch aufmüpfig und ungehorsam.«

Die Frau lässt das Zeugnis sinken.

»Und was daran liest sich positiver, als es gemeint ist?«, fragt sie.

»Nächster Satz«, sagt das Känguru.

Sie liest: *»In den fünf Tagen, die es tatsächlich bei uns gearbeitet hat, hatte es allerdings durch seine Geselligkeit zur Verbesserung des Betriebsklimas beigetragen.«*

»Hä?«, frage ich verwundert.

»Das ist ein Code für übertriebenen Alkoholkonsum«, sagt die Frau.

»Du hast gesoffen auf Arbeit?«, frage ich.

»Ich kann das verstehen«, sagt die Frau und holt einen Flachmann aus ihrer Schublade.

»Aber nur Wodka«, sagt das Känguru.

»Wodka?«, frage ich.

»Alter! Ruf du mal den ganzen Tag wildfremde Leute an und frag, ob sie sich, wenn am Sonntag Neuwahl wäre, am Montag eine neue Digitalkamera kaufen würden.«

»Ich mache Ihnen ein Angebot, das Sie nicht ablehnen können«, sagt die Frau und nimmt noch einen Schluck. »Ich erhöhe Ihren Satz, und wir vergessen, dass Sie jemals hier waren. Dafür bleiben Sie, bevor sie den Nächsten reinschicken, noch eine halbe Stunde, ohne ein Geräusch zu machen, hier sitzen.«

Sie legt ihren Kopf auf den Schreibtisch und schließt die Augen.

Open Schnick

»Ich mache nie Voraussagen
und werde das auch niemals tun.«
Nostradamus

»Die alles entscheidende Frage«, sage ich, »lautet doch: Wer von uns beiden geht Pizza holen?«

»Schnick, Schnack, Schnuck?«, fragt das Känguru.

Ich seufze.

»Okay.«

»Ich habe mir neue Regeln ausgedacht«, sagt das Känguru.

»Du hast was?«

»Neue Regeln«, sagt das Känguru. »Diese ewige Limitierung auf vier Symbole konnte ich nicht länger akzeptieren.«

»Drei Symbole!«

»Noch schlimmer.«

»Und wie lauten deine neuen Regeln?«

»Jeder formt mit seinen Händen ein beliebiges Symbol seiner Wahl. Danach wird ausdiskutiert, wer gewonnen hat.«

»Das klingt total bescheuert.«

»Bist du dabei?«

»Natürlich!«

»Schnick, Schnack, Schnuck!«, ruft das Känguru.

Mein Ellbogen zeigt nach unten, mein Unterarm nach oben, Mittel- und Ringfinger habe ich auf den ausgestreckten Daumen gelegt, und Zeige- und kleiner Finger deuten gen Decke.

Das Känguru hält in seiner linken Pfote einen imaginären Gegenstand und reißt mit seiner rechten Pfote an einer imaginären Schnur. Dabei macht es »Wrrrrumm«.

»Was soll das darstellen?«, frage ich.

»Eine Kettensäge«, sagt es. »Was hast du?«

Ich blicke auf meinen Arm. Meine Hand dreht sich zu mir.

»Ich, äh«, sage ich, »ich habe eine Giraffe.«

»Giraffe gegen Kettensäge«, sagt das Känguru. »Da müssen wir wohl gar nicht diskutieren.«

»Nee.«

»Nur so aus Neugier«, sagt das Känguru. »Gegen was hattest du denn gehofft, mit einer Giraffe gewinnen zu können?«

»Äh …«, sage ich, »gegen ein hoch oben wachsendes Blatt?«

»Warum zum Teufel hätte ich ein hoch oben wachsendes Blatt machen sollen? Wogegen hätte ich denn damit gewonnen?«

»Gegen ein, äh, Tier ohne langen Hals?«, frage ich. »Ey! Ich stand unter Zeitdruck. Ich gebe zu, dass Giraffe nicht die beste aller möglichen Optionen war. Mir ist aber auf die Schnelle nichts Besseres eingefallen!«

»Das war ja wohl die krachendste Niederlage, die jemals jemand bei einem Open Schnick eingefahren hat.«

»Open Schnick?«, frage ich.

»Wie würdest du es nennen?«

»Free Schnick«, schlage ich vor.

»Nee. Das klingt wie Frühstück«, sagt das Känguru. »Ich könnte mich höchstens auf Frei-Schnick einlassen.«

»Auf keinen Fall!«, sage ich. »Frei-Schnick hört sich an

wie etwas, das man von einer Prostituierten bekommt, wenn man das Stempelheft vollgemacht hat.«

»Also doch Open Schnick?«

»Von mir aus«, sage ich. »Komm, wir machen zwei aus drei.«

»Was hab ich dabei zu gewinnen?«, fragt das Känguru.

»Wenn ich wieder verliere, geh ich auch noch in den Späti und kaufe Schnapspralinen.«

»Schnick, Schnack, Schnuck!«, ruft das Känguru.

Es lässt seine Faust schräg von oben nach unten sausen. Ich habe meinen Arm am Ellbogen nach oben geklappt und lasse meine Finger auf den Daumen schnappen.

»Was soll das sein?«, fragt das Känguru. »Schon wieder eine Giraffe?«

»Das ist ein Tyrannosaurus Rex, du Opfer!«

Das Känguru lächelt.

»Meine Faust war ein herabstürzender Meteorit.«

»Ph«, sage ich. »Mit einem Meteoriten kann ja jeder gewinnen.«

»Ich will 'ne Pizza Hawaii«, sagt das Känguru.

»Außerdem ist ›herabstürzender Meteorit‹ ein Pleonasmus«, sage ich. »Ein Asteroid zum Beispiel wird ja gerade dadurch zum Meteoriten, dass er herabstürzt.«

»Tja«, sagt das Känguru, »hätteste beim Open Schnick mal auf dich gezeigt und 'nen Klugscheißer gemacht, dann hätteste die Runde gewonnen.«

»Drei aus fünf«, sage ich. »Wenn ich verliere, putze ich auch noch das Bad.«

»Schnick, Schnack, Schnuck!«, ruft das Känguru.

Ich lasse meine Faust auf das Känguru zurasen.

»Meteorit!«, rufe ich, das Känguru nachäffend. »Jetzt kannste mal sehen: Meteorit gewinnt gegen alles!«

Das Känguru hat sich eine Pfote flach auf den Kopf gelegt und bei der anderen Pfote den Zeigefinger ausgestreckt.

»Was soll das sein?«, frage ich.

»Glatze und Knarre«, sagt das Känguru.

»Bruce Willis, oder was?«

»Ganz genau. Und was macht Bruce Willis mit Meteoriten?«

Ich verdrehe die Augen.

»Er sprengt sie in die Luft«, sage ich.

»Pizza Hawaii«, sagt das Känguru.

»Aber halt!«, rufe ich. »In *Armageddon* geht Bruce Willis selber drauf, als er den Meteoriten in die Luft jagt! Du hättest Ben Affleck machen müssen! Ha! Das war also gerade mal ein Unentschieden. Noch mal!«

»Schnick, Schnack, Schnuck!«, ruft das Känguru.

Ich bewege wild meine Finger hoch und runter.

»Feuersturm!«, sage ich.

Das Känguru hat einen Brunnen.

»Ohne Brunnen!«, rufe ich.

»Das ist doch totaler Quatsch!«, ruft das Känguru. »Ich darf alles machen, was mir in den Sinn kommt, aber keinen Brunnen?«

»Ja.«

»Blödsinn. Außerdem hättest du das vorher sagen müssen. Jedenfalls kann man mit dem Wasser aus meinem Brunnen dein kleines Feuer löschen.«

»Ich hatte kein kleines Feuer, sondern einen Feuersturm!«, sage ich empört.

»Und ich hatte keinen kleinen Brunnen, sondern den größten Brunnen der Welt, in dem zwei Dutzend Löschflugzeuge auf einmal landen können. Es ist ganz einfach, Alter: Wasser gewinnt gegen Feuer!«

»Sagen wir: unentschieden.«

»Hawaii«, sagt das Känguru.

»Vier aus sieben«, sage ich. »Ich mache auch noch den Abwasch!«

»Och, nee.«

»Was dann?«, frage ich völlig im Spielfieber. »Ich mach alles.«

»Die Rumpelkammer aufräumen«, sagt das Känguru.

»Die Rumpelkammer des Schreckens?«, frage ich.

»Ebendiese.«

»Gut. Los jetzt!«, rufe ich. »Schnick, Schnack …«

»Ohne schwarzes Loch«, sagt das Känguru.

»Was?«, frage ich. »Woher wusstest du …«

»… Schnuck!«, ruft das Känguru.

Schnell mache ich Papier. Das Känguru hat eine Schere.

»Es ist kein Glücksspiel«, sagt es.

»Tss.«

»Jetzt geh mal los«, sagt das Känguru. »Du hast heute noch viel vor.«

Berliner Roulette

»Ob er aber über Oberammergau oder aber
über Unterammergau oder aber überhaupt nicht kommt,
ist nicht gewiss.«

Der Regionalexpress

Um den Abend dort zu beenden, wo er begann, bei uns zu Hause, stehe ich gegen Mitternacht mit dem Känguru, Otto-Von, Friedrich-Wilhelm und Krapotke an irgendeiner Haltestelle, und wir warten auf den Nachtbus, genauer gesagt auf den Schienenersatzverkehr.

Das Känguru hat sein Fahrrad dabei. Es möchte es mit in den Bus nehmen.

Otto sagt: »Bist du ganz sicher, dass du das wagen möchtest?«

»Wieso?«, lallt das Känguru. »Ist doch überhaupt kein Problem.«

Das Känguru fährt nicht oft mit dem Bus.

»Ich könnte euch meine neuesten Gedichte aufsagen, bis der Bus kommt«, schlage ich vor.

»Klagelied des Menschen unter dem Kapitalismus

Bis ich in meinem Bette sterbe
Wettbewerbe, Wettbewerbe.
Und wenn einer von der Planke springt,
wird noch bewertet, wie er ertrinkt.«

Bei diesen Worten beugt sich das Känguru vornüber und schwankt bedrohlich hin und her.

»Was macht es da?«, fragt Friedrich-Wilhelm verwundert.

»Ich verschuche«, beginnt das Känguru zu lallen. »Ich … äh …«

Es hebt seinen Kopf, holt seufzend Luft und blickt mir lange und schwankend in die Augen.

»Ich versuche meinen Kopf in meinen Beutel zu stecken.«

In rasantem Tempo nähert sich plötzlich ein Bus.

»Krapotke! Legen Sie sich auf die Straße und zwingen Sie dadurch den Fahrer, sein Geschoss zu stoppen«, sage ich.

»Jawoll!«

»Jawoll, Herr Hauptmann!«

»Jawoll, Herr Hauptmann!«, ruft Krapotke und legt sich auf die Straße. Das funktioniert. Der Bus hält. Otto, Friedrich-Wilhelm und ich steigen ein. Das Känguru fragt, ob es das Fahrrad mit in den Bus nehmen darf.

»Wie stellen Se sich det vor?«, schnauzt der Busfahrer.

»Na ja«, sagt das Känguru schwankend, »ich würde es einfach durch die Tür in den Bus tragen.«

»Dit is ’n Bus«, sagt der Busfahrer. Das Känguru nickt anerkennend.

»Das stimmt«, sagt es.

»Na also«, sagt der Busfahrer.

»Aber andererseits besteht hier ja Schienenersatzverkehr mit Bussen!«, sagt das Känguru. »Folglich ist das hier gar kein Bus, das ist eine U-Bahn!«

»Woll’n Se mich verarschen? Natürlich is dit hier ’n Bus. Kann mir doch keener erzähln, det dit hier keen Bus is! Und wie dit ’n Bus is! Mein janzes Leben fahr ick schon Bus. Ick werd ja wohl noch 'n Bus erkennen, wenn 'n Bus vor mir steht!«

»Und in die U-Bahn darf ich mein Fahrrad mitnehmen!«, beharrt das Känguru.

»Aba nich in den ersten Wagen«, keift der Busfahrer.

Wirklich selten habe ich zwei Betrunkene auf einem so hohen Niveau diskutieren hören.

Das Känguru seufzt resigniert.

»Na bittschön«, sagt es. »Dann fahr ich halt selber ...«

Es steigt mit Schwung von links auf sein Fahrrad und fällt rechts wieder runter. Mühsam rappelt es sich auf und reicht Krapotke das Fahrrad.

»Halt mal kurz«, murmelt es und steigt in den Bus.

»Warum soll ich das Fahrrad ...«, fragt Krapotke. »Also ... ich ... wie ... hat's ...«

»Ganze Sätze, Kropatke«, lallt das Känguru. »Ganze Sässe.«

»Hoppi, hoppi!«, zischt der Busfahrer.

»Wie bitte?«, fragt das Känguru und wendet sich schwankend, aber zackig zum Busfahrer.

»Komm ick zu Sie uff Arbeit und halte den Betrieb uff?«, fragt der Busfahrer.

»Das war bestimmt eine rhetorische Frage«, sagt das Känguru, da muss es schon schnell seinen Schwanz einziehen, damit er nicht von der Türe eingeklemmt wird. Krapotke steht noch draußen, mit dem Fahrrad in der Hand.

»Nun ja«, murmelt Otto. »Wahrscheinlich möchte der Busfahrer seine Fahrgäste schnell an ihre Ziele bringen und sie nicht in ihrer Bewegungsfreiheit durch Fahrräder behindert wissen.«

Ich blicke mich um. Der Bus ist komplett leer. Außer uns

sitzt niemand darin. Kein Wunder, denn der Fahrer rast in einem Wahnsinnstempo an jeder Haltestelle vorbei.

»Der hat wohl seine Aufgabe nicht ganz verstanden«, zischt Friedrich-Wilhelm.

»Wir können ihn ja mal anhalten lassen«, sagt das Känguru und tut so, als wolle es den Stoppknopf drücken. Wir lachen alle. Friedrich-Wilhelm drückt auf den Knopf. Sofort hören alle auf zu lachen. Die Reifen quietschen, Friedrich-Wilhelm, der im Gang stand, wird nach vorne geschleudert, mit einem Ruck bleibt der Bus an einer Haltestelle stehen, die Türen öffnen sich. Dann passiert erst mal nichts. Man hört nur leise das bedrohliche Brummen des Busmotors.

»Es steigt hier besser jemand aus!«, ruft der Busfahrer. Keiner von uns rührt sich.

»Wer war das?«

Friedrich-Wilhelm deutet auf Otto, Otto deutet auf mich, ich deute auf das Känguru, das Känguru deutet auf Friedrich-Wilhelm, und alle rufen wir: »Er war's!«

»Entweder einer steigt aus, oder alle steigen aus«, sagt der Busfahrer.

»Es war nur ein Versehen«, stammelt Friedrich-Wilhelm.

»Auf Wiedersehen ...«, sagt der Busfahrer und winkt. »You have reached your final destination.«

Kaum ist Friedrich-Wilhelm draußen, beschleunigt der Bus wieder.

»Da waren's nur noch drei«, murmle ich.

»Vielleicht darf er nicht länger als drei Sekunden langsamer als fünfzig fahren, sonst explodiert eine Bombe«, mutmaßt das Känguru.

»Wenigstens kommen wir so schneller zu euch nach Hause«, sagt Otto. »Ich hab noch die Hälfte meiner Pizza von vorhin aufgehoben.«

»Mhm. Pizza«, sagen das Känguru und ich gleichzeitig. »Gute Idee.«

»Es ist aber nicht mehr viel da«, sagt Otto. »Das reicht höchstens für zwei.«

Ganz oft sagen Leute, ohne dies auch nur ansatzweise zu realisieren, etwas furchtbar Dummes. Das Känguru blickt mich an. Ich nicke. Blitzschnell zuckt seine Pfote zum Stoppknopf und wieder zurück. Sofort quietschen die Bremsen. Der Bus hält. Mit einem Zischen öffnen sich die Türen.

»Er war's!«, schreien das Känguru und ich gleichzeitig, während wir auf Otto deuten.

»Schweine«, murmelt Otto leise, aber das Brummen des Busmotors gibt ihm zu verstehen, dass sein Schicksal besiegelt ist, und er steigt aus. Die Fahrt geht weiter.

»Sag mal ... Hast du eigentlich großen Hunger?«, fragt das Känguru.

Für einen kurzen, eiskalten Moment treffen sich unsere Blicke.

Ein Steppenläuferstrauch weht durch den Gang.

»Dieser Bus ist nicht groß genug für uns beide«, zische ich. Dann zuckt meine Hand blitzschnell zum Stoppknopf, und noch bevor die Bremsen quietschen, schreie ich: »Das Beuteltier war's! Ich hab's genau gesehen.«

Die Türen öffnen sich. Schweigend steigt das Känguru aus. Die Türen schließen sich wieder. Plötzlich steht ein Lächeln auf seinem Gesicht. Verdammt. Das war unsere Station.

Es ist kein Glücksspiel!

Einfach so

»Alle kennen den Affen, aber der Affe kennt keinen.«
King Kong

Während wir die Straße entlanglaufen, textet mich das Känguru mal wieder zu. Im Prinzip ist es, als hätte ich eine kleine persönliche Radiostation, die immer neben mir herläuft.

»Diese ganzen kleinen Maßnahmen, mit denen die Regierung jetzt vorhat, das Rassismusproblem in den Griff zu kriegen ...«, sagt es kopfschüttelnd. »Tss. Ich sage ja immer, wenn das Haus brennt, bringt es nicht viel, sich unter die Dusche zu stellen. Das ist doch wie ...«

Als ein mittelgroßer, mittelalter Typ mit braunen Haaren an uns vorbeiläuft, hält das Känguru plötzlich an.

»Mensch, Didi!«, ruft es. »Schön, dich zu sehen!« Der Typ ist etwas stämmig, trägt keine Brille und keinen Bart, aber einen Vokuhila. Er bleibt stehen und schlägt seine Faust auf die Faust des Kängurus. Dazu sagen sie beide: »Kartoffel!« Dann ziehen sie schnell ihre Hände zurück, spreizen dabei ihre Finger auseinander und sagen: »Pommes!«

Darüber lachen sie. Ich knete mein Gesicht.

»Beuteltier«, sagt Didi. »Das ist aber geil, dass wir uns einfach so treffen. Wahnsinn!«

»Hölle, Hölle, Hölle«, murmle ich.

»So wie letztens auf der Demo«, sagt das Känguru. »Da haben wir uns auch einfach so getroffen.«

»Ja, geil, geil, geil«, sagt Didi.

Er reicht mir seine Hand.

»Und du auch hier«, sagt er.

»Ja«, sage ich. »Und du … äh … auch.«

»Dietmar Kötke«, sagt das Känguru lachend. »Alter Halunke. Wie geht's der Familie?«

»Gut, gut«, sagt Didi. »Heute hab ich meinem Kind eine wichtige Lektion erteilt. Ich hab seine Hausaufgaben aufgegessen.«

»Warum das denn?«, frage ich.

»Morgen wird es lernen, dass einem oft nicht geglaubt wird, gerade wenn man die Wahrheit sagt.«

Das Känguru lacht. »Klassisch Didi!«

»Und kannste dich noch an diese lahme Party vor ein paar Wochen erinnern?«, fragt Didi.

»Boah. War die lahm«, sagt das Känguru.

»Weißte, was mir im Nachhinein Witziges aufgefallen ist?«

»Nee«, sagt das Känguru neugierig. »Was denn?«

»Mir ist doch das Tütchen kaputtgegangen, wo die Trips drin waren«, sagt Didi. »Und dann hab ich die in das Röhrchen mit den Beruhigungspillen gekippt. Und die Beruhigungspillen hab ich in das leere Döschen von den Uppern. Aber das hatte ich vergessen. Verstehste? Das heißt, ich hab bei der Party Beruhigungspillen verteilt. Deshalb war die so lahm. Witzig, wa?«

»Superwitzig«, sagt das Känguru kichernd. »Totale Didi-Aktion.«

»Na ja. Ich muss leider weiter. Hab's echt eilig«, sagt Didi. »Dringende Geschäfte. Ihr wisst schon.«

»Na klar«, sagt das Känguru.

»Nee«, sage ich.

»Hau rein«, sagt das Känguru.

»Mach ich«, sagt Didi. »Macht's gut.«

»Mach's besser!«, ruft ihm das Känguru hinterher.

Als Didi außer Hörweite ist, sage ich: »Ich kannte den doch.« Ha!

Ein tragischer Held

»Das Boot ist voll.«
Noah

Das K. war telefonisch verständigt worden, dass an diesem Tage eine kleine Untersuchung wegen seiner Registrierung stattfinden würde.

»Ich muss Ihnen sagen, dass der erste Besuch hier eine sehr kafkaeske Erfahrung für mich war«, sagt das Känguru zu dem Mann von der Ausländerbehörde. »Darum habe ich meinen Anwalt mitgebracht.«

Ich nicke freundlich.

»Können Sie sich ausweisen?«, fragt der Mann das Känguru.

»Ich dachte, das wäre Ihre Aufgabe«, sagt das Känguru. »Ich finde das ein wenig viel verlangt, dass ich mich auch noch selbst ausweisen soll.«

»Sie wissen sicher, dass das Ministerium für Produktivität eine neue Verordnung erlassen hat, aufgrund derer alle Ausländer in eine von zwei Kategorien eingeteilt werden«, sagt der Beamte zu mir.

»Witzig oder nicht witzig?«, frage ich.

»Produktiv oder unproduktiv«, sagt der Mann.

»Völlig veraltete Kategorien …«, sage ich.

»Und je nachdem, wie ich Ihr Känguru einteile …«

»Also genau genommen ist es nicht mein Känguru«, sage ich. »Es gehört sich quasi selber.«

»… bekommt es entweder ein P oder ein U in seinen Pass gestempelt«, fährt der Mann fort.

»Witzig und nicht witzig finde ich irgendwie … witziger«, sage ich.

»Sie können mich nicht abschieben!«, ruft das Känguru. »Ich habe doch einen festen Job.«

»Ah ja?«, fragt der Mann.

»Ah ja?«, frage ich.

»Bei wem sind Sie denn angestellt?«, fragt der Beamte.

»Bei ihm!«, ruft das Känguru und deutet auf mich.

»Ah ja?«, fragt der Mann.

»Ah ja? Äh, ja, ja!«, sage ich. »Genau. Äh. Es ist fest bei mir angestellt als … äh …«

Ich blicke das Känguru an.

»… äh … Maskottchen«, sage ich.

Das Känguru wendet sich mir zu, verdreht die Augen und schüttelt fast unmerklich den Kopf.

»Als Maskottchen?«, fragt der Mann.

»Ja, äh. Ich nehme es immer zu meinen Auftritten mit …«

»Auftritte?«, fragt der Mann. »Ich dachte, Sie sind Anwalt.«

»Ja, äh, Anwalt und Kleinkünstler«, sage ich. »Von der Juristerei alleine kann man ja kaum leben, und jedenfalls nehme ich das Känguru immer zu meinen Auftritten mit, und da … äh … steht es dann am Eingang und verteilt aus seinem Beutel … äh … Aufkleber … an die Leute …«

»Aufkleber?«

»Ja. Da steht ›Scheißverein‹ drauf«, sage ich. »Ich habe da nämlich so ein Lied geschrieben, das heißt ›Scheißverein‹, und deswegen habe …«

»Und wozu sollen diese Aufkleber gut sein?«, fragt der Mann ungehalten.

»Ich habe zufällig einen dabei«, sagt das Känguru, holt einen Scheißverein-Aufkleber aus seinem Beutel und klebt ihn auf den Schreibtisch des Mannes von der Ausländerbehörde.

»Sehen Sie?«, frage ich. »Das ist ein wunderbares Beispiel für die Einsatzmöglichkeiten des Aufklebers. Jeder Aufkleber ist ein kleiner Anti-Terror-Anschlag, sage ich immer.«

»Hier passt der Aufkleber besonders gut«, sagt das Känguru und deutet auf den »Ich wähle SV«-Button am Pullover des Mannes. »SV steht doch für Scheißverein.«

»Nein, SV steht für Sicherheit und Verwaltung.«

»Die Aufkleber sind so beliebt«, sage ich, »dass ich schon darüber nachgedacht habe, eine internationale Edition drucken zu lassen. Aber das ist gar nicht so einfach. Weil ›Scheißverein‹ so ein starkes Wort ist. Wenn ich das kurz demonstrieren darf …«

Ich stehe auf und schreie: »Scheißverein!«

Ich setze mich wieder, während das Wort noch durch die Behörde hallt.

»Da löst sich richtig was in den Bronchien«, sage ich.

»Das befreit total«, sagt das Känguru nickend und schreit: »Scheißverein!«

»Probieren Sie es doch auch mal«, sage ich und rufe noch lauter: »Scheißverein!«

Der Mann schüttelt den Kopf.

»Das ist wie so ein Mantra«, sage ich. »Wie bei den Buddhisten das ›Om‹. Nur noch viel stärker.«

»Scheißverein!«, ruft das Känguru.

»Auf drei versuchen wir es mal zusammen«, sage ich zu dem Mann. »Okay? Eins, zwei, drei ...«

»Ruhe jetzt!«, ruft der Mann.

»Scheißverein!«, schreien das Känguru und ich.

»Starkes Wort!«, sagt das Känguru.

»Ja, aber gerade weil das so ein starkes Wort ist, macht mir die internationale Edition so viele Probleme«, sage ich. »Weil zum Beispiel ›Club Merde‹ ... Ich weiß nicht ... Da löst sich nix bei mir. ›Club Merde‹ ... Da fahr ich in Urlaub hin, wenn Sie verstehen, was ich meine.«

»Ich bitte um Ruhe!«, sagt der Mann.

»Oder ›Club of Shit‹«, sage ich. »Was soll das sein? Ein Kartenspiel? Sagt der eine: Hey! Ich hab ein Full House! Sagt der andere: Äh ... Ich hab nur 'nen Club of Shit.«

»Seien Sie still!«, sagt der Mann mit Nachdruck.

»Scheißverein!«, schreit das Känguru.

»Oder ›Asociación de Excrementos‹«, sage ich. »Da löst sich nix. Da verknotet sich einem höchstens die Zunge.«

»Ruhe!«, brüllt der Mann. »Ich möchte, dass wir sofort wieder zu einer sachdienlichen Kommunikation ...«

»Scheißverein!«, schreit das Känguru.

»Aber das ist doch sachdienlich!«, sage ich. »Ich brauche das Känguru, um diese Aufkleber zu verteilen. Das versuche ich Ihnen gerade zu vermitteln.«

»Ich werde das bei Gelegenheit kontrollieren«, schnaubt der Mann.

Kurz halte ich inne.

»Es putzt auch immer bei uns zu Hause«, sage ich. »Das könnten Sie auch mal kontrollieren.«

»Das werde ich tun«, ruft der Mann.

»Es kocht, kümmert sich um die Kinder, pflegt den Garten, renoviert die Wohnung«, murmle ich vor mich hin.

»Und bei der kleinsten Unstimmigkeit geht's zurück nach Australien!«, ruft der Mann.

»Hallo?!?«, ruft das Känguru empört. »Nur weil ich ein Känguru bin, glauben Sie also, dass ich aus Australien komme? Und jeden Moslem schieben Sie wohl nach Mekka ab und jeden Schwarzen nach Schwarzafrika? Verdammter Rassist!«

»Soso. Ein Rassist bin ich also«, sagt der Mann. »Nur weil ich dafür sorge, dass Deutschland lebenswert bleibt. Weil ich warne: Das Boot ist voll! Deshalb bin ich also ein Rassist. Weil ich sage: Deutschland den Deutschen und den brauchbaren Ausländern? Deshalb bin ich schon ein Rassist?«

Er wendet sich an mich: »Sie als Deutscher, denken Sie dasselbe über mich?«

»Äh. Nein«, sage ich. »Für mich sind Sie eher wie der tragische Held in Sophokles' bekanntestem Theaterstück.«

Kurz schweigt der Mann.

»So. Ach. Hm. Nun ja«, sagt er dann. »Genau. Ein tragischer Held. So sehe ich mich auch manchmal. Na gut.«

Er stempelt ein Fragezeichen in den Pass des Kängurus.

»Dann gehen Sie mal. Aber nehmen Sie bitte Ihr Maskottchen mit.«

»König Ödipus«, flüstert das Känguru, als ich die Tür des Büros hinter mir zuziehe. »Chapeau! Du hast ihn gerade auf extremst subtile Weise einen Motherfucker genannt, Alter!«

»Das ist eine Auslegungsfrage, Euer Ehren!«

Aufklärung

»Ein Bett im Kornfeld, das ist immer frei.«

Peter Hartz

»Wir müssen hier erst mal über Begrifflichkeiten reden«, sagt das Känguru und pafft kurz an seiner Montecristo. Es hat sich verkleidet, da es seine Meinungsverschiedenheiten mit der Abschiebebehörde noch nicht gelöst hat und darum unerkannt bleiben möchte. Es trägt einen angeklebten Elftagebart, ein olivgrünes Hemd, eine schwarze Baskenmütze mit goldenem Stern und darunter sein Kopffell in wirrer Unordnung. »Zum Beispiel ist der sogenannte ›freie Markt‹ natürlich kein *freier* Markt«, sagt es. »All die Liberalen und Neoliberalen, Lobbyisten und Wirtschaftsfuzzis, Bankpräsidenten und sonstigen Nutznießer, die sich jegliche staatliche Regulierung und Eingriffe in den sogenannten ›freien‹ Markt verbitten – allzu oft unter Postulierung seiner angeblichen Gott- beziehungsweise Naturgegebenheit –, übersehen dabei geflissentlich all die staatlichen Regulierungen und Eingriffe, ohne welche dieser sogenannte ›freie‹ Markt überhaupt nicht existieren könnte. Ganz grundlegendes Beispiel: Dass du etwas anbieten kannst, ohne dass ich es dir einfach wegnehmen darf, obwohl ich stärker bin als du, das ist eine von Menschen erdachte Regulierung, die zudem nur durch die Androhung eines staatlichen Eingriffes ihre Wirksamkeit entfaltet. Siehst du das ein?«

»Ja«, sagt der Mann hinter dem Obst- und Gemüsestand.

Ich nehme mir heimlich eine Blaubeere und schiebe sie in den Mund.

»Gut«, sagt das Känguru. »Das ist ein ganz wichtiger Schritt. Du hast erkannt, dass das Wirtschaftssystem keine Naturgewalt ist, sondern durch Menschen geschaffen wurde, also auch von Menschen wieder verändert werden kann.«

»Klar«, sagt der Mann.

Ich nehme mir unbemerkt eine Erdbeere.

»Der freie Markt ist also keineswegs frei«, sagt das Känguru. »Wenn die Mächtigen vom freien Markt reden, dann meinen sie damit: frei von jeglicher Verantwortung.«

»Sehr treffend«, sagt der Mann.

»Danke«, sagt das Känguru geschmeichelt. »Da habe ich mich auch selber sehr gefreut, als mir diese Formulierung eingefallen ist.«

Ich stibitze eine Pflaume.

»Werden wir noch grundlegender«, fährt das Känguru fort. »Was ist der Sinn des Wirtschaftens? Wie würde man ein gutes Wirtschaftssystem definieren? Folgender Vorschlag: Ein gutes Wirtschaftssystem hat dafür Sorge zu tragen, dass mindestens im nötigen Umfang nützliche, angenehme, ja auch schlicht schöne oder leckere Güter produziert und gerecht verteilt werden. Bist du damit einverstanden?«

»Klingt vernünftig«, sagt der Mann.

Ich spucke den Pflaumenstein aus, nehme eine Birne und beiße hinein.

»Wenn man aber erst mal diese Definition akzeptiert hat, muss man doch zugeben, dass der Kapitalismus vor diesen Anforderungen völlig versagt«, sagt das Känguru.

»Nicht nur, dass alles extrem ungerecht verteilt wird, es werden auch noch hauptsächlich nutzlose, unangenehme, hässliche und ekelhafte Güter produziert. Bist du meiner Meinung?«

»Ja«, sagt der Mann. »Zum Beispiel hat mein Sohn letztens so kleine Schuhe für unsere Katze mitgebracht, die haben unten jeweils einen kleinen Wischmopp dran. Aber der Reinigungseffekt ist wirklich minimal. Oder meine Frau, die hat so eine Art Zelt angeschleppt, dessen einziger Zweck es ist, beim An- und Abtransport des Christbaumes über diesen gestülpt zu werden, damit die Wohnung nicht vollgenadelt wird. Und wir sind Moslems. Wir feiern nicht mal Weihnachten. Und meine Tochter hat sich vor einiger Zeit im Drogeriemarkt eine Profikuscheldecke gekauft, eine Decke mit Ärmeln! So ein Schwachsinn. Leute, die so etwas kaufen, gehören eigentlich verprügelt und …«

»Gut, gut, gut«, sagt das Känguru.

Ich nehme mir eine Wassermelone.

»Fünf Euro«, sagt der Mann.

Ich lege die Melone zurück.

»Du siehst also ein«, sagt das Känguru, »dass die Regeln gemacht und nicht gegeben sind, du siehst auch, dass die aktuellen Regeln schlecht und unfair sind.«

»Ja«, sagt der Mann.

»Also frage ich dich: Sollte man diese Regeln ändern?«

»Das sollte man«, sagt der Mann.

»Wollen wir beide, hier und heute, damit anfangen?«

»Unbedingt!«

»Gibst du mir demnach jetzt diesen Pfirsich?«, fragt das Känguru.

»Für umsonst?«, fragt der Mann.
»Ja«, sagt das Känguru.
»Nein«, sagt der Mann.
»Also gut«, sagt das Känguru. »Noch mal von vorne.«
Der Mann vom Obst- und Gemüsestand seufzt und reicht dem Känguru wortlos einen Pfirsich.
»Siehst du«, sagt das Känguru zu mir, »man muss nur mit den Leuten reden.«

Das Duale System

»Wer als Werkzeug nur einen Hammer hat,
sieht in jedem Problem einen Nagel.«
Thor

Wir sitzen bei Herta in der neuen Kneipe. Das heißt, eigentlich sitzen wir bei Herta zu Hause. Als Herta ihre Eckkneipe schließen musste, hat sie angefangen, zu Hause zu trinken. Ab und zu kamen welche vom Asozialen Netzwerk vorbei, da hat Herta angefangen, zu Hause auszuschenken, und man hätte es ahnen können: Vierter Stock in einem unsanierten Altbau, schlechtes, billiges Bier, unfreundliche Bedienung, kein Schild an der Tür, total illegal, Geheimtipp im *Lonely Planet* … Vor lauter spanischen Touristen findet man fast keinen Platz mehr.

Zum Glück hat das Känguru einen Stammplatz. Es sitzt in einem Holzfällerhemd, mit Vokuhila-Perücke auf dem Kopf, in Hertas Wohnzimmersessel und kuckt auf dem flimmernden Röhrenfernseher Fußball. Geistesabwesend spielt es dabei mit einem Schweizer Armeemesser, einer Rolle Klebeband, einem Kaugummi und einer Büroklammer.

Herta gesellt sich zu uns und versucht durch Unfreundlichgucken ihre Gäste von Bestellungen abzuhalten. Das Känguru nimmt kurz die Perücke von seinem Kopf, um sich zu kratzen.

»¡Mire! ¡El canguro!«, sagt ein Typ, der in unserer Nähe sitzt, zu seiner Freundin. »¡Sueco viejo! ¡Hemos leído el libro!«

"Alter Schwede!"

»Sí, sí«, sage ich, habe aber nur Spanisch verstanden.

Der Typ prostet uns zu.

»Übrigens«, sage ich zum Känguru. »Jetzt, wo du dank mir berühmt geworden bist …«

»Den Spieß kann man auch umdrehen«, sagt das Känguru.

»Aba falls dich dit en Trost ist«, wirft Herta ein, »man sacht ja: ›Hinter jedem erfolgreichen Känguru steht en starker Kleinkünstler.‹«

»Jedenfalls kommen jetzt ständig Leute und fragen mich, was du für ein Geschlecht hast«, fahre ich fort.

»Wer? Icke?«, fragt Herta.

»Nein, das Känguru.«

»Hä?«, fragt das Känguru und guckt kurz vom Fernseher auf.

»Die Leute sagen, du hättest ja einen Beutel, würdest dich aber so männlich verhalten.«

»Was?«, fragt das Känguru. »Ich hab grad nicht zugehört.«

»Ich sagte, dass mich immer wieder Leute darauf ansprechen, dass du einen Beutel hast, dich aber eher männlich verhalten würdest.«

»Ach, männlich … weiblich …«, sagt Herta. »Dit sind doch bürgerliche Kategorien!«

Sie steht auf und geht weiter.

»Meine Rede«, sagt das Känguru. »Nur weil ich einen Beutel habe, soll ich ein rosa Tutu anziehen und Wendy lesen, oder was? Soll ich mir ein Überraschungsei für Mädchen kaufen? Soll ich öfter mal heulen, wenn wir uns streiten? Worauf willst du hinaus?«

Ich gucke demonstrativ am Känguru vorbei.

»Was ist jetzt schon wieder los?«, fragt es.

»Nichts«, schluchze ich.

»Du hast doch was.«

»Nein«, sage ich und trockne meine Augen. »Ich habe nichts.«

»Na, dann ist ja gut.«

»Wenn du nicht selbst drauf kommst, dann kann ich dir auch nicht helfen.«

»Jetzt sag endlich, was Sache ist!«

»Mir ist kalt, ich habe Hunger und muss aufs Klo«, sage ich.

»Ach …«, sagt das Känguru und winkt ab. »Hol mir mal ein Bier aus der Küche.«

»Ein ›bitte‹ wäre nett.«

»Ja, ein Bier wäre nett«, sagt das Känguru unkonzentriert. »Und einen Schnaps.«

Ich gehe zu Herta in die Küche.

»Ein Bier und einen Schnaps für das Känguru und einen alkoholfreien Prosecco für mich«, sage ich.

»Allüren haste …«, sagt Herta. »Ick würd mir die rausnehmen lassen.« Sie gibt mir einen Schnaps und zwei Bier.

»Aber was soll ich denn nun antworten?«, frage ich das Känguru, als ich wieder zurück bin.

»Wem?«

»Na, den Leuten!«

»Worauf?«

»Auf die Frage, welches Geschlecht du hast.«

»Warum ist das überhaupt wichtig?«, fragt das Känguru. »Wollen mich die Leute einstellen und mir eventuell weniger Gehalt zahlen? Am besten, du nennst das neue Buch gleich ›Warum Kängurus nie zuhören und Marc-

Uwes schlecht einparken‹. Was hast du denn bisher geantwortet?«

»Nur, dass du versuchst, überkommene Geschlechter- und Rollenklischees aufzubrechen …«

Das Känguru schüttet sich den Schnaps in sein Bier und trinkt das Ganze durch einen Strohhalm.

»Klingt doch nicht schlecht«, sagt es und rülpst.

»Ja, aber die Leute hängen sich immer an dem Beutel auf.«

»Ach«, sagt das Känguru, »immer dieser Biologismus. Vielleicht habe ich mir den Beutel ja nur angetackert.«

»Warum sollte sich irgendjemand einen Beutel antackern?«

»Na, weil so ein Beutel einfach verdammt praktisch ist«, sagt das Känguru und holt einen pinkfarbenen Lippenstift aus seinem Beutel.

»Auch?«, fragt es.

Ich schüttle den Kopf. »Nein danke. Ich benutze nur Lipgloss.«

Das Känguru trägt sich Lippenstift auf.

»Ich werde also in Zukunft antworten, dass du den Beutel nur dabeihast, um deinen Krempel rumzuschleppen«, sage ich.

Das Känguru zieht ein Plastiklichtschwert aus seinem Beutel.

»Ach, was sage ich … deinen Krempel … meinen Krempel!«

»Den Krempel verschiedenster Leute«, verbessert mich das Känguru und zieht unzählige Schuhe aus seinem Beutel. Einige haben hohe Absätze, andere Stahlkappen, ein paar haben sogar hohe Absätze und Stahlkappen.

»Ich bin mal in die Umkleide von einem Nazikegelverein eingebrochen und habe alle rechten Schuhe geklaut«, sagt es.

»Witzig«, sage ich. »Ich bin mal bei der SPD-Seniorenturngruppe eingebrochen und habe alle linken Schuhe geklaut.«

»Ehrlich?«

»Nein. Natürlich nicht.«

»Schade. Dann hätten wir Paare zusammenpuzzeln können.«

Ich wende mich zum Fernseher und gähne das Fußballspiel an.

»Wollen wir nach Hause gehen und *Dirty Dancing* gucken?«, frage ich.

»Aber in doppelter Geschwindigkeit.«

»Klingt vernünftig.«

»Ich muss nur noch kurz auf Toilette«, sagt das Känguru und steht auf.

»Ich komm mit!«, rufe ich.

Wir gehen auf den Ausgang zu. In ihrem Flur hat Herta zwei beschriftete Dixi-Klos aufgestellt.

»Das ist der Moment der Entscheidung«, murmle ich.

Auf dem vorderen Klo steht »Ossis«, auf dem hinteren steht »Wessis«.

Wir gehen auf die Straße und pissen gegen ein Plakat des *Ministeriums für Produktivität.*

»Außerdem kann ich gut einparken«, sage ich dabei. »Das Bäumchen hätte jeder übersehen können.«

»Das war kein Bäumchen, das war eine Eiche, Alter«, sagt das Känguru. »Eine einhundertjährige Eiche. Die war breiter als das Auto ...«

»Ach, sei still.«

»Ehrlich. Der größte Baum der Welt, Mann! Es gibt nur zwei Dinge, die man vom Mond aus sehen kann. Die chinesische Mauer und diese Eiche!«

»Man kann die chinesische Mauer nicht vom Weltraum aus sehen«, sage ich. »Das ist nur ein weitverbreiteter Unsinn.«

»Ja, aber diese Eiche kann man sehen!«

Blutig

»Unsere Feinde sind innovativ und erfinderisch,
genau wie wir. Sie denken ständig über neue Wege nach,
wie sie unserem Land und unserem Volk schaden können,
genau wie wir.«

Deutsche Bank

»Wenn ich mich kurz vorstellen darf«, sagt das Känguru und streicht sich über seine nach hinten gegelten Haare. »Ich bin Schatzmeister des Verbandes deutscher Floristen, der sogenannten Blumen-Group. Sicher haben Sie schon von uns gehört.«

Es trägt ein blassblaues Langarm-Shirt über einem Hemd mit weißem Kragen, eine gemusterte Krawatte, Hosenträger, keine Hose, und in der Pfote hält es eine Zigarre.

»Nun gut, welche Summe sollen wir denn für Sie anlegen?«, fragt der Bankberater.

»Eine halbe Million«, sagt das Känguru.

»Oho«, sagt der junge Mann und wird spürbar freundlicher. »Ein stattliches Sümmchen.«

»Ja«, sagt das Känguru. »Es ist mir durch ein paar Tricks gelungen – unter uns Verbrechern brauche ich ja nichts zu verheimlichen …«

»Nein, natürlich nicht«, sagt der junge Mann lächelnd.

»Es ist mir gelungen, einige Gelder vor der Steuer zu retten und in meine private Tasche umzuleiten.«

»Ganz prima.«

»Mein alter BWL-Professor«, sage ich leutselig, »ein Typ, der sich seine Resthaare über die Glatze gegelt hat, sagte immer: ›Eine Bank ist wie ein Frisör. Man geht hinein und verlangt: Einmal Waschen und Anlegen bitte.‹«

»Ja, äh … Wie sollen wir das Geld denn anlegen?«, fragt der Bankberater.

»Machen Sie das Portfolio ruhig so, wie ich meine Steaks mag«, sagt das Känguru.

»Ah!«, sagt der Mann. »Well done.«

»Nein«, sagt das Känguru. »Blutig.«

»Wie bitte?«

»Sie verstehen mich schon«, sagt das Känguru. »Geld arbeitet nicht. Menschen arbeiten. Und je größer die Ausbeutung, desto größer die Rendite, das ist doch klar. Gehen Sie dahin, wo es weh tut. Ich will Dritte Welt, 16-Stunden-Tage, Kinderarbeit. Ich will Landminen, Streubomben, Atomkraftwerke. Ich will Rohstoffe aus Krisenregionen, Öl aus Naturschutzgebieten, spekulieren Sie mit Lebensmitteln. Egal was …«

»Ich weiß nicht«, sagt der Mann. »Vielleicht sollten Sie mit meinem Vorgesetzten … der kennt sich da besser aus …«

»Nein, nein, nein«, sagt das Känguru. »Sie schaffen das schon. Mir ist ja völlig egal, was Sie mit meinem Geld machen. Hauptsache, Sie machen mich reich. Nein, das trifft es nicht. Hauptsache, Sie machen mich noch reicher.«

»Das ist natürlich mein Job«, sagt der Mann, »aber …«

»Ich will doch nichts anderes als all die anderen, die ihr Geld hier anlegen«, sagt das Känguru.

»Nein, nein …«

»Stört es Sie etwa, dass ich so offen bin?«

»Nun ja, also, ich, nun …«

»Sie sind mir ja ein Herzchen«, sagt das Känguru.

»Wenn Sie Gutes tun wollen, hätten Sie nicht Banker werden dürfen.«

»Nein, nein, ich will natürlich nichts Gutes tun, aber …«

»Na fein, von mir aus«, sagt das Känguru. »Ich kann es auch wie in Ihrer Werbung formulieren: Suchen Sie mir bitte Firmen und Konzerne, die in den ärmsten Ländern der Welt wichtige Investitionen tätigen und mithelfen, diese Länder aufzubauen und den Menschen dort Perspektiven durch Arbeitsplätze zu bieten …« Das Känguru fängt an zu lachen. »… die die Infrastruktur … und die Segnungen der Marktwirtschaft …«

Ein hysterischer Lachkrampf hindert das Känguru am Weitersprechen.

»Sie … Sie … machen mir Angst«, sagt der Mann.

Das Känguru hört abrupt auf zu lachen.

»Sie wollen mein Geld nicht haben?«, fragt es. »Seien Sie versichert, ich finde einen Schreibtischtäter, skrupellos wie ich, der keine moralischen Bedenken hat, für mein Anlagekapital Provision einzustreichen. Und Sie haben anscheinend den falschen Beruf.«

Es steht betont langsam auf.

»Wie kommt man von der Wissens- in die Dissensgesellschaft?«, fragt es. »Denken Sie mal darüber nach. Guten Tag.«

Wir verlassen den verdutzten jungen Mann und die Bankfiliale.

»Und nun?«, frage ich.

»Tja«, sagt das Känguru. »Noch die Commerzbank da vorne. Dann machen wir Schluss für heute.«

Der Unterschied

»Erzähle nicht die Wahrheit, solange dir etwas Interessanteres einfällt.«
Fox News

Wir haben uns als bezahlte Claqueure für eine Fernseh-Talkshow anheuern lassen. Eine Stimme aus dem Nichts spricht zu uns: »Liebes Publikum, hier nuschelt Ihr Aufnahmeleiter. Gleich gehen wir live auf Sendung. Bitte achten Sie immer schön auf unsere leckere Praktikantin mit den Schildern und applaudieren Sie für Ihre neue famose Moderatorin in drei, zwei, eins …«

Die Moderatorin betritt das Studio, die Praktikantin hebt ein Schild in die Höhe, auf dem »Frenetischer Jubel« steht, und das Publikum jubelt frenetisch. Ich gähne. Das Känguru popelt in der Nase. Es hat sich natürlich wieder verkleidet. Es trägt Lippenstift, eine blonde Dauerwelle und ein weißes Abendkleid, und auf die rechte Wange hat es sich einen Leberfleck gemalt.

»Hallo«, sagt die Moderatorin. »Ich bin Julia Müller und heiße Sie herzlich willkommen zu *Fünf vor zwölf* um fünf nach zwölf.«

Der Applaus verebbt langsam. Sie setzt sich zu ihren Gästen.

»Heute haben wir wieder mal das spannende Thema: Die Finanzkrise. Als Gäste habe ich eingeladen: einen Experten, eine Politikerin, einen Industriellen, einen ehemaligen Bankdirektor und äh … sonst niemanden! Ahahamuh.«

Das Känguru lacht grimmig. »Zensur durch Selektion …«

»Meine erste Frage geht an Herrn Dr. Minne. Sie sind Experte, können Sie uns denn etwas zur aktuellen Wirtschaftslage sagen?«

»Ich als Experte denke, wir müssen die Verhältnisse enger schnallen. Wir leben über unsere Sachzwänge. Der Gürtel ist alternativlos.«

»Irgendwie kommt mir das alles total bekannt vor«, sage ich.

»Dreißig Jahre lang sieben Nächte die Woche sieben Wiederholungen«, sagt das Känguru. »76 650 Wiederholungen ergeben eine Wahrheit.«

»Hier rechts außen begrüße ich nun Herrn Jörn Dwigs, ehemals Bankdirektor, nun frischgebackener Finanzsenator von Berlin«, sagt Julia Müller. »Herr Dwigs, ganz ehrlich, ich hätte ja nicht gedacht, dass die SPD bei einer breiten linken Mehrheit im Senat ausgerechnet Ihre Partei mit ins Boot holt.«

»Wenn ich kurz antworten darf«, sagt der Experte, »der Fehler in Ihrem Gedankengang ist, dass Sie die SPD immer noch dem linken Parteienspektrum zurechnen. Das ist doch schon längst passé. Von linker Politik hat sich die SPD, ich möchte fast sagen: seit der Zustimmung zu den Kriegskrediten 1914, immer wieder erfolgreich distanziert.«

»Auch ich habe nichts gegen SPDler«, sagt der Industrielle. »Im Gegenteil. Einige meiner besten Freunde sind in der SPD.«

»Der Bürgermeister hat mir unter vier Augen auch gestanden«, sagt Dwigs, »dass er hauptsächlich deshalb mit uns koaliert, damit später mal alte SPD-Wähler über ihn sagen können: ›Es war nicht alles schlecht. Immerhin hat er die Autobahn gebaut.‹«

Die Praktikantin hält ein Schild in die Höhe, auf dem steht: »Ausgelassen lachen.«

»Ahahamuhmuhmuh«, macht Julia Müller. »Aber lassen Sie uns kurz über die Ursachen der Finanzkrise …«

»Finanzkrise …«, sagt der Experte. »Dieses Wort ist schon falsch. Ich sehe keine Krise des Finanzsektors. Im Gegenteil, es geht ihm blendend. Im Prinzip war die sogenannte Finanzkrise nur eine gigantische Umverteilungsmaßnahme, und zwar eine sehr erfolgreiche.«

»Umverteilt wurde von unten nach oben?«, fragt Julia Müller.

»Natürlich«, sagt der Industrielle. »Wer die Geschichte kennt, weiß, dass gar keine andere Art der Umverteilung möglich ist.«

Die Praktikantin hält ein Schild in die Höhe, auf dem steht: »Laut grübeln.«

Aus dem Publikum hört man laute »Hm«s und viel Kopfgekratze. Kurz ist der Industrielle irritiert.

»Heißt das«, fragt Julia Müller, »es gibt auch Leute, die Geld gemacht haben in und durch die Krise?«

»Bevor wir darüber reden«, sagt Dwigs, »möchte ich noch kurz über ein viel drängenderes Problem sprechen, das mir auch persönlich sehr am Herzen liegt: der linke Terror.«

»Ja«, sagt die junge blonde Politikerin neben ihm. »Ein extrem wichtiges Thema. Ich sage Ihnen ganz ehrlich: Ob Links- oder Rechtsextremismus – da sehe ich keinen Unterschied.«

»Doch, doch«, ruft das Känguru laut dazwischen. »Es gibt einen Unterschied. Die einen zünden Ausländer an, die anderen Autos. Und Autos anzünden ist schlimmer. Denn es hätte mein Auto sein können. Ausländer besitze ich keine.«

Nach einer kurzen Denkpause sagt der Industrielle: »Die Frau im weißen Abendkleid hat völlig recht! Auch meine Familie besitzt schon seit über zwei Generationen keine Ausländer mehr.«

»Man sollte sich gänzlich davon verabschieden, mit Ironie zu arbeiten«, sage ich kopfschüttelnd.

»Na«, sagt das Känguru. »Einen Versuch noch.«

»Ich möchte noch etwas dazu sagen«, sagt Dwigs.

Die Praktikantin hebt ein Schild in die Höhe, auf dem steht: »Frenetischer Jubel.«

Das Publikum jubelt frenetisch.

»Danke, danke«, sagt Dwigs.

Die Praktikantin senkt das Schild nicht. Das Publikum hört nicht auf zu jubeln.

»Aber lassen Sie mich doch zu Wort …«

Die Praktikantin hebt ein Schild in die Höhe, auf dem steht: »Kreischen wie verhaltensgestörte Teenager.«

Das Publikum kreischt wie verhaltensgestörte Teenager.

»Bitte!«, ruft Dwigs. »Ruhe! Jetzt …«

»Hallo?!«, ruft Julia Müller. »Regie! Aha äh muh …«

Die Praktikantin hebt ein Schild in die Höhe, auf dem steht: »Tiergeräusche machen und Kupfermünzen auf die Gäste werfen.«

Das Publikum macht Tiergeräusche, und einige werfen mit vollen Händen Kupfermünzen auf die Gäste. Dazu singen sie zu der Melodie von *Jetzt fahr'n wir übern See*: »Hier habt ihr unser Geld, unser Geld, hier habt ihr unser Geld!«

»Was ist denn das hier?«, schreit Dwigs aufgebracht.

Die Praktikantin hält ein Schild in die Kamera. Darauf steht: »Das ist ein Anti-Terror-Anschlag des Asozialen Netzwerkes.«

Ich vermisse nichts

»Papa ist 'ne Knackwurst.«
Schweinchen Babe

»Ich vermisse nichts«, sage ich.

»Seit wann bist du denn Vegetarier?«, fragt das Känguru, während wir in der Schlange vor einem Burger-Laden stehen.

»Seit gestern.«

»Und du vermisst nichts …«

»Ich vermisse nichts.«

»Krass.«

»Ich bin seit drei Jahren Vegetarier«, sage ich. »Es ist so unglaublich wie bezeichnend, dass du davon bisher keine Notiz genommen hast.«

»Und warum biste Vegetarier geworden? Wenn man fragen darf?«

»Nein, darf man nicht.«

»Warum nicht?«

»Weil das keine sinnvolle Frage ist«, sage ich. »Jedenfalls nicht, wenn man eine sinnvolle Frage als eine Frage definiert, die auf Erkenntnisgewinn zielt. Warum wohl?«

»Ich weiß es nicht«, sagt das Känguru. »Warum?«

»Ich sag dir warum: Immer, wenn ich als Kind Atemnot bekommen habe, hat mir meine Mutter als Hausmittel ein blutiges Steak aufs Gesicht gelegt. Das hat mich traumatisiert.«

»Ehrlich?«, fragt das Känguru.

»Natürlich nicht!«, sage ich. »Ich esse kein Fleisch mehr aus all den richtigen Gründen.«

»Ah so.«

»Aus denselben Gründen, aus denen alle Vegetarier Vegetarier sind. Aus den Gründen, die du kennst und verdrängst. Deshalb finde ich, dass deine Frage keine sinnvolle Frage war.«

»Willst du Chicken Nuggets?«

»Ich esse kein Fleisch!«

»Auch kein Hühnchen?«

»Nein!«

»Auch nicht ganz mageres Fleisch?«

»Letztens hatte ich bei einem Verwandtschaftstreffen ein ähnliches Gespräch, das damit endete, dass mir meine wirklich massiv übergewichtige Gesprächspartnerin erklärte, ich würde mich ungesund ernähren.«

»Und Wurst isst du auch nicht mehr?«

»Weißt du, was mich interessiert?«, frage ich. »Würdest du eigentlich Känguru-Burger essen?«

»Nein«, sagt das Känguru und überlegt kurz. »Menschen-Burger allerdings …«

»Aber Menschen sind keine gefühllosen Dinge«, rufe ich empört. »Sie bilden komplexe soziale Gesellschaften, haben eine Persönlichkeit und empfinden Trauer, Glück oder Schmerz genau wie ihr Tiere.«

»Keine Panik«, sagt das Känguru. »So faul, wie du immer rumhängst, musst du dir keine Sorgen machen. Von Gammelfleisch halte ich mich fern.«

»Dir ist schon klar, dass die meisten Menschen in viel zu kleinen Käfigen gehalten werden, kaum Auslauf bekommen und beim Transport enormem Stress ausgesetzt sind?«

»Gerade in Berlin«, sagt das Känguru. »Ständig diese Ungewissheit: Fährt die S-Bahn? Fährt sie nicht?«

»Würdest du auch Fleisch aus Massenmenschhaltung essen?«

»Nein. Ich würde natürlich darauf achten, dass ich nur Menschen aus Freilandhaltung esse«, sagt das Känguru. »Zum Beispiel so einen saftigen Rinderbaron aus Argentinien.«

»Und dass für dessen Hacienda hektarweise Regenwald abgeholzt wird, ist dir egal? Und die Umweltbelastung durch den Transport?«

»Wenn es dir lieber ist, kann ich auch gerne nur Menschen aus der Region essen«, sagt das Känguru. »Einen Hamburger zum Beispiel. Oder ein Paar Frankfurter. Ein Paar Deutschländer. Hm. Lecker.«

»Du weißt, dass die alle mit Antibiotika vollgepumpt sind?«, frage ich. »Fast die Hälfte der Weltjahresproduktion an Antibiotika wird Menschen verabreicht. Das Zeug isst du mit.«

»Ja, ja«, sagt das Känguru. »Dadurch entstehen Resistenzen mit potentiell katastrophalen Folgen.«

»Siehst du! Du weißt es! Durch die Massenmenschhaltung leiden die Leute übrigens alle unter Mobbing, Burn-outs und Break-downs. Die dadurch erzeugten Stresshormone, die isst du auch mit!«

»Ach, deswegen bin ich so gestresst. Und ich dachte immer, es läge am Kapitalismus.«

»Ganz zu schweigen von den unfassbaren Mengen an Menschengülle, die Böden, Wälder und Trinkwasser vergiften. Und außerdem ist die Menschenzucht zu einem Großteil für den klimaschädlichen CO_2-Ausstoß verantwortlich.«

»Hättest du denn etwas dagegen, wenn ich an einem

fair gehandelten Biobauern aus der Uckermark knabbere?«, fragt das Känguru. »Sagen wir, einmal die Woche?«

»Guten Appetit.«

»Es gibt übrigens sehr wohl auch Leute, die kein Fleisch essen, weil sie zum Beispiel glauben, das könnte ihre Großmama sein«, sagt das Känguru. »Zu denken, alle Vegetarier seien Vegetarier aus genau den deinen ethisch-moralisch-ökologischen Gründen, ist mal wieder sehr eurozentristisch. Im Übrigen …«

Zum Glück sind wir endlich an der Reihe.

»Ich hätte gerne einen Big Mac«, sagt das Känguru.

»Sie sind hier bei Burger King«, sagt der Junge hinter der Theke. »Sie müssen sich ein Produkt aus der Karte über mir aussuchen.«

»Hm«, sagt das Känguru. »Ach, sagen Sie, haben Sie eigentlich auch Burger mit Menschenfleisch?«

»Äh … kann schon sein«, sagt der Junge. »Keiner hier weiß genau, wo unser Fleisch herkommt … Aber wenn Sie etwas Besonderes wollen: Wir haben gerade unsere ›Australian weeks‹. Ich kann Ihnen einen Down-Under-Burger anbieten mit garantiert fünfzig Prozent …« Der Junge blickt das Känguru an. »… Koalafleisch«, sagt er.

»Boah, wie widerlich«, sagt das Känguru. »Das schmeckt doch bestimmt total nach Eukalyptus.«

AN DIESER STELLE HABE ICH DAS KAPITEL UM EINE SECHZEHN SEITEN
NGE DISKUSSION GEKÜRZT. MAN KANN DIESE DISKUSSION NACHLESEN
M SECHZEHN SEITEN LÄNGEREN AUTHOR'S CUT DIESES KAPITELS ODER
1 EINHUNDERTACHTUNDZWANZIG SEITEN LÄNGEREN KOMMENTIERTEN
ANGAROO'S CUT. (ANM. DES LEKTORS)

Ordnung

»Es steht im Augenblick 1 : 1. Aber es hätte auch umgekehrt lauten können.«
Relativitätstheorie

Ich liege auf der Couch und feile in meinem Kopf an meiner Dankesrede für den Deutschen Buchpreis der Ullstein Buchverlage. Auch mein zweites Buch *Das Känguru-Manifest* wurde in der Kategorie »Buch mit sprechendem Tier« nominiert. Das Känguru platzt ins Wohnzimmer.

»Was ist denn in der Küche passiert?!«, ruft es. »Warum zum Teufel ist die so unordentlich?«

»Das kann ich dir erklären«, sage ich. »Nach dem zweiten Hauptsatz der Thermodynamik nimmt die Entropie, oder, etwas verkürzt gesagt, die Unordnung, in einem geschlossenen System mit der Zeit zu. Das kann nur dadurch rückgängig gemacht werden, dass ein zweites System die Entropie aufnimmt. Mit anderen Worten, die Wiederherstellung des geordneten Anfangszustandes kann nicht von selbst, sondern nur durch den Einsatz von Energie von außen, in unserem Fall zum Beispiel von dir, erfolgen.«

»Das scheint mir keine zufriedenstellende Lösung«, sagt das Känguru.

»Ein anderer Lösungsansatz könnte folgender sein«, sage ich. »Dass die Unordnung zunimmt, liegt quasi daran, dass die Anzahl der ungeordneten Zustände ungleich größer als die der geordneten Zustände ist. Darum ist es auch ungleich wahrscheinlicher, dass einer der ungeordneten Zustände eintritt. Im Endeffekt ist das aber, falls dich meine Meinung interessiert, auch eine Definitionsfrage. Wenn wir also unser Verständnis dessen, was wir als geordneten Zustand begreifen, erweitern, könnte das geschlossene System selbst bei zunehmender Entropie noch recht lange als einigermaßen geordnet betrachtet werden.«

»Interessante These«, sagt das Känguru und legt sich in seine Hängematte. »Lass mich darüber nachdenken.«

Louie

»Das sind Gefühle, wo man schwer
beschreiben kann.«
Thomas Mann bei der Nobelpreisverleihung 1929

»Ahahamuhmuhmuh! Und der *Deutsche Buchpreis der Ullstein Buchverlage* in der Kategorie ›Buch mit sprechendem Tier‹, muh, geht dieses Jahr an …«

Die Moderatorin Julia Müller öffnet das Kuvert, juchzt und ruft: »*Louie, der lustige Leguan* von den Kindern der Kindertagesstätte *Sümpfe der Traurigkeit*!«

»Ich fasse es nicht«, sage ich.

Auf der Tribüne hinter uns jubeln Kinder. Die Gäste der Preisgala beginnen zu applaudieren.

»Du hättest den Preis beim ersten Mal nicht ablehnen sollen«, sagt das Känguru. Es sitzt links neben mir, in einem rosa Tutu, und liest völlig gelangweilt *Wendy*. Auf dem Kopf hat es eine Krone, ein Zauberstab liegt auf dem Tisch. Mein Agent, der rechts neben mir sitzt, kratzt sich ratlos am Kopf.

»Das scheint auch mir eine inhaltlich wirklich angreifbare Entscheidung«, sagt er und nimmt sich ein Sahnetörtchen vom Tablett mit Desserts, welches das Känguru irgendeinem Kellner abgenommen hat.

»Kommt auf die Bühne, Kinder«, ruft die Moderatorin. Unter lautem Geschrei stürmt eine Gruppe Fünfjähriger mit ihrer Erzieherin die Bühne. Fast alle Anwesenden erheben sich und spenden stehend Applaus.

»Ich werde gerade unfassbar aggressiv«, sage ich.

»Und wie Sie ja alle wissen, ist der Preis dieses Jahr

zum ersten Mal dotiert«, sagt die Moderatorin. »Tante Isabel, was werden Sie denn mit den 10.000 Euro machen?«

»Damit können wir endlich das Dach unserer Kita reparieren lassen, damit die Kinder bei Regen nicht mehr nass werden«, sagt Tante Isabel.

»Das ist doch wirklich ein Skandal!«, rufe ich. Ein paar Leute drehen sich zu uns um, die große Menge hat aber nichts gehört, denn ihr Applaus hat mein Rufen verschluckt.

»Du hast ja recht ...«, beschwichtigt mein Agent, »aber bitte etwas leiser. Die hatten halt einen Bonus, weil sie noch so klein sind.«

»Ach was ...«, fauche ich. »Aber guck dir die Bilder mal an! Da hat doch garantiert ein Erwachsener geholfen.«

»Ja, das ist wirklich gemein«, sagt das Känguru. »Wenn dir ein Erwachsener geholfen hätte, wäre dein Buch bestimmt auch besser geworden.«

»Nicht aufregen«, sagt mein Agent. »Probier lieber mal eins von diesen leckeren Sahnetörtchen.«

»Louie, der lustige Leguan, spricht ganze fünf Sätze«, sage ich eingeschnappt. »In diesem ganzen sogenannten >:< Buch >:<!«

Ich setze mit Zeige- und Ringfingern wütende Anführungszeichen um das Wort Buch.

»Du kennst das Buch?«, fragt das Känguru.

»Ich habe alle nominierten Bücher gelesen«, sage ich. »Alle beide ...«

Endlich verebbt der Applaus.

»Ahamuhmuh«, sagt Julia Müller. »Und wie geht es nun weiter für euch Kinder?«

Ein kleines Mädchen tritt ans Mikrofon.

»Wir schreiben eine Fortsetzung, wo Louie in die Schule kommt. Damit wollen wir genug Geld verdienen, um das Abzest …«

»Asbest«, sagt Tante Isabel.

»… Asbest aus der Kita wegzumachen«, sagt das Mädchen.

Wieder stehen die Leute auf und klatschen.

»Buh!«, rufe ich. »Buh!«

»Bitte beruhige dich doch!«, sagt mein Agent.

»›Louie läuft lässig‹«, zische ich. »›Louie lacht lustig. Louie lebt locker. Louie liebt liegen. Louie lutscht Lutscher.‹ Das ist alles, was der bekackte Leguan sagt. Das ist der komplette Text von dem bekackten Buch.«

Die Kinder verlassen unter erneutem Applaus die Bühne.

»Und dabei stellt sich noch die Frage, warum der bekackte Lemur …«

»Leguan«, sagt mein Agent.

»… das überhaupt alles sagt. Und zu wem! Der ist allein auf den Bildern. Der spricht mit sich selbst, oder was? Der hat doch 'ne Macke! Und so was gibt man Kindern zum Lesen? Kein Wunder, dass unsere Gesellschaft so kaputt ist. Ich fasse es nicht.«

Der Applaus brandet noch mal auf, als Tante Isabel und ihre Kinder Kusshände in den Saal werfen.

»Ich habe ein Manifest verfasst, voller Witz und Weisheit«, schimpfe ich innerlich brodelnd. »Einen Fels in der Brandung stumpfer Pipi-Kaka-Witze, eine Rettungsboje für alle, die etwas faul dünkt an dieser widerwärtigen Weltordnung, ein Buch voll Tucholsky'schem Witz, voll

Orwell'scher Weitsicht, voll Beckett'scher Radikalität ...«

»Voll Goethe'scher Bescheidenheit«, wirft das Känguru ein.

»... eine große Satire über ein idealistisches, wenn auch leider wahnsinniges Känguru und seinen flexiblen, belastbaren, innovativen, kreativen, teamfähigen, begeisterungsfähigen und kreativen Begleiter ...«

»So beruhige dich doch«, sagt mein Agent eindringlich. »Bitte, bitte. Die Leute gucken schon.«

»LASS SIE DOCH GUCKEN!«, brülle ich. »ICH BIN KÜNSTLER! DIE LEUTE SOLLEN MIR ZUGUCKEN! ICH BIN KÜNSTLER!«

»Kleinkünstler«, sagt das Känguru.

»NEIN! NEIN! NEIN!«, rufe ich. »KÜNSTLER! Nichts Geringeres als einen modernen *Don Quijote* habe ich verfasst! ABER NEIN! *Louie, der lustige Leguan.* Das ist natürlich relevanter. Das ist natürlich ...«

Das Känguru schlägt mir mit der *Wendy* auf den Kopf. »Halt die Klappe, Knappe!«

Der Applaus verebbt zum letzten Mal.

»Ahahamuhmuhmuh«, sagt Julia Müller. »Glauben Sie mir, das war der schönste Moment meiner professionellen Karriere.«

»Du dumme Kuh!«, rufe ich.

»So bringen Sie ihn doch zum Schweigen«, fleht mein Agent das Känguru an.

»Muh! Muh! Muh!«, rufe ich. »Die Kuh, die lach...«

Das Känguru stopft mir ein Sahnetörtchen in den Mund: »Halt mal kurz.«

Entnazifizierung

»Jedes Publikum kriegt die Vorstellung,
die es verdient.«
Mario Barth

Wir rennen, als ob eine Horde Nazis hinter uns her wäre, was tatsächlich der Fall ist. Die Horde besteht aus vier uns schon bekannten Typen. Ein Dicker, ein Kleiner, ein Großer und einer mit Haaren. Wir biegen scharf links ab und verstecken uns in einer dunklen Seitengasse hinter ein paar Mülltonnen.

»Da haben wir uns aber nicht gerade mit Ruhm bekleckert«, sage ich, vor Erschöpfung keuchend.

»Es hat nichts Unehrenhaftes«, sagt das Känguru, »vor einer Übermacht Nazis äh …«

»… panisch wegzurennen?«, frage ich.

»Ach, Ehre ist sowieso ein total überholtes Konzept«, sagt das Känguru. »Ich meine, es stand nun mal vier gegen eins.«

»Vier gegen zwei.«

»Wem willst du hier was vormachen?«

»Na gut. Vier gegen eins.«

»Wann hast du dich das letzte Mal geprügelt?«

»Das, äh, ist über fünfundzwanzig Jahre her«, sage ich. »Da hatte mich Gerhard Schröder beim Fußball brutal gefoult …«

»Der Bundeskanzler?«

»Nee«, sage ich. »Der hieß nur so. Damals war der Schröder auch noch gar nicht Bundeskanzler. Jedenfalls war ich so sauer, dass ich einfach auf ihn los bin.«

»Also, das wäre mir mal fast mit dem gleichnamigen Bundeskanzler passiert.«

Ich schließe meine Augen und atme tief ein.

»Wie ist es ausgegangen?«, fragt das Känguru.

»Der Schröder hat mich dermaßen fertiggemacht … Danach war ich kaum wiederzuerkennen.«

»Das ist der SPD mit ihrem Schröder ja auch passiert.«

»Jedenfalls habe ich damals festgestellt, dass reden für mich besser funktioniert als prügeln.«

Das Känguru grübelt. »Du meinst also, wir hätten mit den Nazis reden sollen?«

»Äh … nein. Das meine ich nicht.«

»Mit den Nazis reden«, sagt das Känguru, »das ist gar keine schlechte Idee.«

»Äh, doch.«

»Nee, nee. Wie sagt man so schön: Dem Klügeren wird nachgegeben.«

»So sagt man nicht.«

»Nein?«

In dem Moment kommt der kleine Nazi suchend in unsere dunkle Seitengasse. Das Känguru boxt ihn sofort zu Boden.

»Ich dachte, du wolltest mit ihnen reden«, sage ich.

»Ah ja, stimmt«, sagt das Känguru. »War nur ein Reflex. Schwer abzustellen.« Der Kleine rappelt sich auf.

Die anderen drei Nazis kommen hinzu, und ich muss erkennen, dass unsere dunkle Seitengasse eine dunkle Sackgasse ist.

»Gut«, sagt das Känguru. »Jetzt rede mit ihnen.«

Es schubst mich einen Schritt in ihre Richtung.

»Äh …«, eröffne ich rhetorisch geschickt meine Argumentation. »Äh … Jetzt mal ganz ruhig. Also … äh … ihr solltet über Folgendes nachdenken: Also, ihr seid vier Nazis …«

Der mit den Haaren erhebt den Zeigefinger.

»Wir sind keine Nazis«, sagt er. »Wir sind Patrioten!«

»Einigen wir uns auf Rassisten«, schlägt das Känguru vor. »Wäre das okay?«

»Ja, okay«, sagt der Dicke.

»Nein«, sagt der mit den Haaren. »Das wäre nicht okay. Wir sind keine Rassisten. Wir sind Nationalisten. Das ist ein Unterschied.«

»Naaaa jaaaaa«, sage ich, »vielleicht sind es zwei Paar Stiefel … Aber es ist schon dieselbe Marke.«

»Und sie haben beide Stahlkappen«, sagt das Känguru.

»Ich sehe mich definitiv auch als Rassist«, sagt der Dicke.

Der mit den Haaren verdreht die Augen.

»Dann bleiben wir einfach bei Nazis?«, schlage ich vor.

Die Nazis zucken mit den Schultern.

»Schön«, sage ich. »Jedenfalls, was ich sagen wollte, laut einer Statistik der Bertelsmann-Stiftung ist einer von vier Nazis ein V-Mann des Verfassungsschutzes. Habt ihr das gewusst?« Ich blicke die Nazis einzeln an. »Und habt ihr euch schon mal gefragt, wer von euch vieren der V-Mann ist?«

Die Nazis beäugen sich kritisch.

»Jetzt hört mal zu, ihr Kasper«, sagt das Känguru und schiebt mich zur Seite. »Ich weiß, ihr habt Angst. Ich aber sage: Fürchtet euch nicht.«

»Die Einzigen, die sich fürchten sollten, seid ihr Spacken!«, sagt der Dicke. »Ich fürchte mich nicht!«

»Das ist komisch«, sagt das Känguru. »Dann kannst du doch gar kein Rassist sein.«

»Weil Rassisten Angst vor Fremden haben, oder was?«, fragt der Dicke.

»Wir haben nur Angst, unsere deutsche Identität zu verlieren«, sagt der mit den Haaren.

»Was soll das denn sein?«, frage ich. »Die deutsche Identität?«

»Na, was typisch deutsch ist halt«, sagt der Dicke.

»Was ist denn typisch deutsch?«, fragt das Känguru.

»Bier!«, sagt der Große.

»Du meinst das vergorene Gesöff, das im Gebiet des heutigen Iran schon vor fünfeinhalbtausend Jahren getrunken wurde?«, fragt das Känguru.

»Fußball!«, sagt der Kleine.

»Du meinst die Sportart, die in China schon vor tausendvierhundert Jahren hip war?«

»Humorlosigkeit«, sagt der mit den Haaren.

»Ja. Na gut«, sagt das Känguru. »Aber ob das so verteidigenswert ist …«

»Ich hab aber auch Angst, dass die Ausländer mir die Arbeit klauen!«, sagt der Dicke.

»Also mir hat noch nie jemand Arbeit geklaut«, sage ich. »Schön wär's. Ich habe im Gegenteil das Gefühl, dass einem Arbeit gerne mal heimlich untergeschoben wird.«

»Ehrlich gesagt«, sagt der Kleine, »ich bin ja Rassist, aber … ich persönlich kenn eigentlich gar niemanden, dem ein Ausländer seinen Arbeitsplatz geklaut hat.«

»Ich hör wohl schlecht«, ruft der Dicke wütend.

»Das wird man ja wohl noch sagen dürfen!«, blafft der Kleine.

»Warum seid ihr eigentlich Rassisten?«, fragt das Känguru. »Du da, war dein Vater Rassist?«

»Was geht dich das an?«, fragt der Dicke.

»Das Känguru will vermutlich darauf hinaus, dass ihr nicht zwingend reproduzieren müsst, was euch euer soziales Umfeld vorgibt«, sage ich.

Die Nazis gucken nur.

»Soll ich das elaborieren?«, frage ich.

»Wisst ihr, was mein Vater war?«, fragt der Dicke. »Mein Vater war Deutscher und kein minderwertiger Ausländer! Darauf kommt's doch an.«

»Das ist wirklich ein interessanter Satz von jemandem, der sich insgeheim selbst für minderwertig hält«, sagt das Känguru.

»Kannst du das elaborieren?«, fragt mich der mit den Haaren.

»Gerne«, sage ich. »Mir fällt dazu ein Schopenhauer-Zitat ein. Der alte Arthur schrieb: ›Die wohlfeilste Art des Stolzes ist der Nationalstolz. Denn er verrät in dem damit Behafteten den Mangel an individuellen Eigenschaften, auf die er stolz sein könnte, indem er sonst nicht zu dem greifen würde, was er mit so vielen Millionen teilt. Wer bedeutende persönliche Vorzüge besitzt, wird vielmehr die Fehler seiner eigenen Nation, da er sie beständig vor Augen hat, am deutlichsten erkennen. Aber jeder erbärmliche Tropf, der nichts in der Welt hat, darauf er stolz sein könnte, ergreift das letzte Mittel, auf die Nation, der er gerade angehört, stolz zu sein. Hieran erholt er sich und ist nun dankbarlich bereit, alle Fehler und Torheiten, die ihr eigen sind, mit Händen und Füßen zu verteidigen.‹«

Die Nazis gucken wieder.

»Hast du das auswendig gelernt?«, fragt das Känguru.

»Ich dachte, dass ich das bestimmt irgendwann mal gebrauchen könnte. Und ich hatte recht!«

»Äh … wo waren wir vor diesem Ausflug ins Grundstudium Philosophie?«

»Du wolltest mir erklären, dass ich minderwertig bin«, sagt der Dicke mit bedrohlichem Unterton.

»Falsch!«, sagt das Känguru. »Ich wollte dir erklären, dass du dich für minderwertig hältst. Das ist ein Unterschied.«

»Das Känguru meint«, sage ich, »dass der Hang, sich und die eigene Gruppe von anderen Gruppen abzugrenzen, meist mit stereotypen Ressentiments und Vorurteilen gegenüber den – in Anführungszeichen – ›Fremden‹ korreliert und dass diese Distanzierung der gefühlten Erhöhung des eigenen Identitäts- und Selbstwertgefühls dient. Diese scheinbare Aufwertung empfändet ihr aber natürlich gar nicht als nötig, würdet ihr nicht insgeheim befürchten, selbst minderwertig zu sein.«

»Wie war das im Mittelteil?«, fragt der Große.

Das Känguru seufzt.

»Warum hältst du deine Ausführungen nicht gleich auf Altgriechisch?«

»Ich bin also deshalb Rassist, weil ich mich selbst minderwertig fühle?«, fragt der Dicke.

»Sag du es mir«, sagt das Känguru. »Hast du was erreicht in deinem Leben? Bist du stolz auf deine Leistungen? Wo siehst du dich in fünf Jahren?«

Der Dicke grübelt.

»Habt ihr eigentlich schon mal darüber nachgedacht, dass Rassismus gar nicht das Mittel ist, das euch die Welt beherrschen lässt, sondern im Gegenteil ein Mittel, um euch zu beherrschen?«, frage ich.

»Nee«, sagt der Große.

»Ich möchte es mit einem Witz versuchen, den ich letztens gehört habe«, sagt das Känguru. »Ein Kapitalist … Ach was. Machen wir es nicht so abstrakt, sagen wir Donald Trump! Also: Donald Trump, einer seiner Wähler und ein Asylbewerber sind auf einer Grillparty. Auf dem Grill liegen hundert Würstchen. Trump nimmt sich 99 Würstchen und sagt zu seinem Wähler: ›Pass auf, der Asylant will dein Würstchen!‹«

»Du meinst, eigentlich sind nicht die Ausländer schuld an unseren Problemen, sondern der Kapitalismus?«, fragt der Kleine.

»Hm. Nun ja, das ist wohl eine Verallgemeinerung«, sagt das Känguru, »aber nicht falsch.«

Es greift in seinen Beutel, zieht eine Schnapspraline heraus und wirft sie dem Kleinen zu.

»Hier, für dich«, sagt es. »Ein Leckerli.«

Der Kleine fängt die Praline mit dem Mund auf.

»Au fein«, sagt er schmatzend.

Das Känguru reicht die Packung Schnapspralinen rüber, und alle vier bedienen sich.

»Hm. Ich denke …«, sagt der Große nach einer kurzen Weile.

»Das ist neu«, sage ich verwundert.

»Ich denke …«, sagt der Große.

»Jetzt mach dich nicht lächerlich!«, sagt der mit den Haaren.

»Ich denke, ich merke, wie ich dem zwanglosen Zwang des besseren Arguments erliege«, sagt der Große. »Sie meinen also, dass in unserer hierarchisch organisierten Gesellschaft soziale Unruhen unterprivilegierter Gruppen, die eigentlich auf die Beseitigung des Problemkerns, also die Abschaffung der kapitalistischen Ausbeutung und die Verwerfung althergebrachter patriarchaler, religiöser und rassistischer Ideologien zielen sollten, dadurch abgelenkt werden, dass eben jene schädlichen patriarchalen, religiösen und rassistischen Ideen als Quellen und Werte einer angeblichen Gemeinschaft wieder stark gemacht werden?«

Erstaunt starren die anderen Nazis, das Känguru und ich den Großen an.

»Aber diese Gemeinschaft ist nur ein Trug«, sagt der Große, »nur ein gigantisches Ablenkungsmanöver, denn es geht weder der AfD noch Trump oder Le Pen oder wie sie alle heißen um Chancengleichheit, Verteilungsgerechtigkeit oder gar echte Solidarität. Es geht ihnen ganz im Gegenteil darum, bestehende Ausbeutungsverhältnisse zu stützen, zu rechtfertigen und ihre Ursachen unkenntlich zu machen.«

»Äh …«, sagt das Känguru verwundert. »Ja, ungefähr das meinte ich.«

»Aber man kann sich halt nicht sicher sein, dass in einer Gruppe Flüchtlinge nicht auch Arschlöcher sind«, sagt der Dicke.

»Stimmt leider«, sagt das Känguru, »aber immerhin kann man sich sicher sein, dass in einer Gruppe Rassisten nur Arschlöcher sind.«

Der Große fängt plötzlich an zu schluchzen.

»Ich wollte eigentlich nie Rassist werden«, sagt er mit Tränen in den Augen.

Das Känguru nimmt ihn in den Arm.

»Na, na. Es zwingt dich ja keiner«, sagt es.

»Ich wollte eigentlich immer Lokomotivführer werden.«

»Wenn er nicht mehr Rassist sein will, will ich auch nicht mehr«, sagt der Kleine.

»Die Pforten der Erkenntnis haben sich mir geöffnet!«, sagt der Dicke und schlägt sich mit der Hand gegen die Stirn. »Es ist voll dumm, Nazi zu sein!« Er wendet sich zu dem mit den Haaren. »Verstehst du's nicht?«

»Doch, doch«, sagt der mit den Haaren. »Ich arbeite eh schon seit fünf Jahren für den Verfassungsschutz.«

»Was war in den Schnapspralinen?«, frage ich das Känguru leise.

»Das verrate ich nicht.«

»Was auch immer es war«, sage ich. »Ich will auch was davon.«

Eine nette Teegesellschaft

»Ich habe es satt, die Menschen zu durchschauen.
Es ist so leicht, und es führt zu nichts.«
Wilhelm Conrad Röntgen

»Wissen Sie, es ist diese latente Gewaltbereitschaft, die in jedem zweiten seiner Sätze mitschwingt, die mich so verstört. Dieses Brutale. Damit kann ich nicht umgehen«, sage ich.

»Aha. Und dieses Känguru ...«, fragt mein Psychotherapeut, »... hören Sie nur dessen Stimme oder können Sie es auch sehen?«

»Was'n das für 'ne blöde Frage? Natürlich kann ich das auch sehen. Das wohnt ja bei mir.«

»Aha.«

»Ja.«

»Verstehen Sie, wenn Sie nur die Stimme in Ihrem Kopf hören könnten, hätte mich interessiert, woher Sie wissen, dass es ein Känguru ist.«

»Na, es hat zwei große Füße, 'ne lange Schnauze, spitze Öhrchen und 'nen Beutel. Klingt für mich nach 'nem Känguru ...«

»Aha. Und dieses Känguru ...«, fragt der Therapeut, »... springt das vielleicht gerade hier im Zimmer herum?«

»Natürlich nicht!«, sage ich. »Sehen Sie hier etwa ein Känguru?«

»Nein«, sagt der Therapeut. »Sicher nicht. Aber warum ist es jetzt gerade nicht hier?«

»Es hat gesagt, 'ne Therapie is nur was für Systemopfer, es habe keine Psychomacken, und ich solle ruhig allein zum Kopfdoktor.«

»Aha.«

»Und gerade diese Art von Zurückweisung, damit kann ich nicht umgehen.«

»Aha. Lassen Sie uns mal ganz weit zurückgehen, in Ihre Kindheit.«

»Nee«, sage ich. »Ich kenn das Känguru ja erst seit ein paar Monaten.«

»Aha. Aber was glauben Sie, warum haben Sie dieses Känguru im Kopf?«

»Ich hab das nicht nur im Kopf!«, beschwere ich mich. »Sie glauben mir wohl nicht!«

»Doch, doch«, sagt der Therapeut und lacht. »Ich lebe ja selbst mit einem Gnu zusammen.«

»Zur nächsten Sitzung bringe ich das Känguru mit!«, drohe ich.

»Ja, hervorragend!«, sagt er lachend. »Bringen Sie doch auch noch den Faselhasen mit, und ich frage den verrückten Hutmacher, und dann machen wir eine nette Teegesellschaft …«

Meine Augen verengen sich zu wütenden Schlitzen.

EINE WOCHE SPÄTER

Wir sitzen im Vorzimmer.

»Ich weiß echt nicht, was ich hier soll!«, mault das Känguru. »Ich bin ja hier nicht das Systemopfer mit der Psychomacke.«

»Genau darum geht es«, sage ich. »Um diese Art von Zurückweisung. Ich denke, es wird uns beiden guttun, wenn wir mal offen darüber reden, mit einem unparteiischen Schiedsrichter.«

»Is mir unklar, wie der unparteiisch sein soll, wenn du den bezahlst«, sagt das Känguru.

»Du kannst gerne die Hälfte bezahlen«, sage ich.

»Das wär ja noch schöner«, meckert das Känguru.

Der Therapeut öffnet die Tür. »Ah! Herr Kling.« Er schüttelt mir die Hand. »Ich habe schon Tee aufgesetzt! Wie geht's denn heute unserem Kängur… aaah!!!!«

Als er das Känguru sieht, entfährt ihm ein spitzer Schrei.

»Fragen Sie es doch selbst«, sage ich. Der Therapeut schüttelt sich, geleitet mich hinein und schließt vor dem Känguru die Tür. Wir setzen uns. Das Känguru öffnet die Tür, kommt herein und setzt sich. Mit offenem Mund starrt der Therapeut das Känguru an.

»Jetzt fragen Sie das Känguru doch schon, wie es ihm geht«, sage ich.

»Wi… Wa… Welches Känguru?«, fragt der Therapeut angespannt. »Ich sehe kein Känguru. Nein. Ich sehe kein Känguru.«

»Aber es sitzt doch hier. Hier neben mir.«

»Nein, nein. Da sitzt niemand.«

»Der hat ja 'nen Kopfdoktor noch nötiger als du«, sagt das Känguru.

»Wie? Was?«, fragt der Kopfdoktor.

»Ich habe nichts gesagt«, sage ich.

»Sie wissen natürlich, dass Sie sich das nur einbilden mit diesem Känguru«, sagt der Therapeut schrill.

»Kneif ihn mal«, flüstere ich dem Känguru ins Ohr. Das Känguru steht auf, geht auf den Therapeuten zu und kneift ihm kräftig in die Backe.

»Aua!«, schreit der Therapeut und springt auf seinen Sessel. »Etwas hat mich gekniffen.«

»Etwas tritt dir gleich in den Arsch, wenn du dich weiter aufführst wie ein Irrer«, sagt das Känguru.

»Sehen Sie?«, frage ich. »Genau diese latente Gewaltbereitschaft, die in jedem zweiten Satz mitklingt. Die meine ich.«

»Ich bin ein Vogel!«, zwitschert der Therapeut. »Ein lieblicher kleiner Vogel! Tschilp, tschilp, tschilp, tschilp.« Dabei springt er vom Sessel auf den Tisch, dann auf die Couch und wieder zurück auf den Sessel. Immer im Kreis.

»Apropos Vogel«, sagt das Känguru. »Ich mach mal 'nen Abflug.«

Textnachweise

Die Texte Marc-Uwe Klings werden nach folgenden Ausgaben, unter Nennung von Sigle und Seitenzahl, zitiert:

Chr Die Känguru-Chroniken. Ansichten eines vorlauten Beuteltiers. Berlin ^{42}2021.
Man Das Känguru-Manifest. Der Känguru-Chroniken zweiter Teil. Berlin ^{21}2022.
Off Die Känguru-Offenbarung. Der Känguru-Chroniken dritter Teil. Berlin ^{10}2020.
Apo Die Känguru-Apokryphen. Berlin ^{5}2018.

6 Chr 11–13 | 9 Chr 14–17 | 13 Apo 79–82 | 18 Chr 27–30 | 22 Man 67–69 | 25 Chr 58–60 | 28 Man 31–35 | 33 Man 21–23 | 37 Apo 147 f. | 39 Chr 64–66 | 42 Chr 73–75 | 46 Man 87–90 | 50 Apo 24–26 | 53 Man 70–75 | 61 Apo 154–157 | 66 Man 193–195 | 69 Man 115–122 | 77 Chr 102 | 78 Man 95–97 | 82 Apo 65–67 | 84 Apo 115–117 | 87 Man 123–125 | 90 Apo 75–78 | 94 Man 169–172 | 98 Man 209–215 | 105 Man 76–79 | 109 Apo 18–22 | 114 Man 137–223 | 119 Apo 140–142 | 122 Man 255–259 | 128 Off 58–61 | 132 Off 108–113 | 138 Off 123–125 | 141 Off 144–147 | 146 Off 231–234 | 150 Apo 83 f. | 152 Off 126–129 | 156 Apo 132–139 | 165 Chr 125–128

Inhalt

DIE KÄNGURU-COMICS

HABE VERGESSEN, DEN ZWEITEN ANZUZIEHEN.
WIE KANN MAN DENN VERGESSEN DEN ZWEITEN FLIP FLOP ANZUZIEHEN?
NA JA. ICH WURDE HALT ABGE-LENKT UND HAB AN WAS ANDERES GEDACHT.
WIE HAST DU ES GESCHAFFT, SO ALT ZU WERDEN?
FLIP
GLÜCK VERMUTLICH.
FLIP

KÄNGURU

978-3-548-06737-7
€ 13,00 (D)

978-3-548-06912-8
€ 13,00 (D)

DIE KÄNGURU-COMICS